LOW CARB

DIE BESTEN REZEPTE

02

03

01

04

INHALT

01

FRÜHSTÜCK

HIMBEER-MELONEN-SMOOTHIE
SPINAT-ERDBEER-SMOOTHIE

ZUBEREITUNG HIMBEER-MELONEN-SMOOTHIE

01. Die Himbeeren verlesen, waschen und trocken tupfen. Den Salat in die einzelnen Blätter teilen, waschen und trocken schleudern. Die Wassermelone schälen und die Kerne mit einem Löffel entfernen. Das Fruchtfleisch in grobe Stücke schneiden.

02. Himbeeren, Salatblätter und Melonenstücke mit 300 ml Wasser und dem Öl im Küchenmixer oder in einem hohen Rührbecher mit dem Stabmixer fein pürieren. In Gläser verteilen und servieren.

ZUTATEN
FÜR 4 PERSONEN

+ 100 g Himbeeren
+ 100 g Kopfsalat
+ 200 g Wassermelone
+ 30 ml Leinöl

NÄHRWERTE PRO PORTION
Eiweiß: 1 g • Fett: 8 g
Kohlenhydrate: 6 g
Brennwert: 97 kcal

ZUBEREITUNG SPINAT-ERDBEER-SMOOTHIE

01. Den Spinat verlesen und waschen. Die Erdbeeren waschen, putzen und trocken tupfen. Die Gurke putzen, waschen, der Länge nach halbieren und in Würfel schneiden.

02. Spinat, Erdbeeren und Gurkenstücke mit 300 ml Wasser und dem Öl im Küchenmixer oder in einem hohen Rührbecher mit dem Stabmixer fein pürieren. In Gläser verteilen und servieren.

ZUTATEN
FÜR 4 PERSONEN

+ 500 g junger Spinat
+ 150 g Erdbeeren
+ 300 g Salatgurke
+ 40 ml Leinöl

NÄHRWERTE PRO PORTION
Eiweiß: 4 g • Fett: 11 g
Kohlenhydrate: 4 g
Brennwert: 133 kcal

HIMBEER-SMOOTHIE
HEIDELBEER-SMOOTHIE

ZUBEREITUNG HIMBEER-SMOOTHIE

01. Die Himbeeren verlesen, waschen und vorsichtig trocken tupfen. Im Tiefkühlfach etwa 20 Minuten anfrieren lassen.

02. Die angefrorenen Himbeeren mit dem Zitronensaft und dem Joghurt im Küchenmixer oder mit dem Stabmixer fein pürieren. Dabei nach und nach die Milch dazugeben.

03. Den Himbeer-Smoothie mit dem Ahornsirup süßen und in kleine Fläschchen oder Gläser verteilen.

ZUTATEN FÜR 4 PERSONEN

+ 200 g Himbeeren
+ 2 EL Zitronensaft
+ 200 g griechischer Joghurt
+ ca. 400 ml Milch
+ 10 ml Ahornsirup

NÄHRWERTE PRO PORTION
Eiweiß: 5 g • Fett: 9 g
Kohlenhydrate: 11 g
Brennwert: 149 kcal

ZUBEREITUNG HEIDELBEER-SMOOTHIE

01. Die Heidelbeeren verlesen, waschen und vorsichtig trocken tupfen. Im Tiefkühlfach etwa 20 Minuten anfrieren lassen.

02. Die angefrorenen Heidelbeeren mit dem Zitronensaft und dem Quark im Küchenmixer oder mit dem Stabmixer fein pürieren.

03. Den Heidelbeer-Smoothie mit Reissirup abschmecken und in kleine Fläschchen oder Gläser verteilen.

ZUTATEN FÜR 4 PERSONEN

+ 250 g Heidelbeeren
+ 2–3 EL Zitronensaft
+ 400 g Speisequark
+ 10 ml Reissirup

NÄHRWERTE PRO PORTION
Eiweiß: 9 g • Fett: 11 g
Kohlenhydrate: 9 g
Brennwert: 174 kcal

MANDELPORRIDGE
MIT APFELSPALTEN

ZUTATEN FÜR 4 PERSONEN

+ ½ l Sojadrink
+ 200 g blanchierte, fein gemahlene Mandeln
+ 3 EL Agavendicksaft
+ ca. 1 EL gemahlene Flohsamenschalen
+ 1 Apfel
+ 1 EL Nussöl
+ 40 g gehackte Mandeln
+ Zimtpulver

NÄHRWERTE PRO PORTION
**Eiweiß: 19 g • Fett: 37 g
Kohlenhydrate: 18 g • Brennwert: 474 kcal**

ZUBEREITUNG

01. Den Sojadrink mit den Mandeln, 2 EL Agavendicksaft und den Flohsamenschalen in einem Topf unter Rühren aufkochen und etwa 10 Minuten bei schwacher Hitze ausquellen lassen. Sollte der Brei zu dünnflüssig sein, Flohsamenschalen hinzufügen.

02. Den Apfel vierteln, schälen, entkernen und die Viertel in schmale Spalten schneiden. Die Spalten in einer Pfanne im Öl kurz anbraten und mit dem restlichen Agavendicksaft beträufeln.

03. Das Mandelporridge auf Schälchen verteilen, die Apfelspalten darauflegen und mit gehackten Mandeln und Zimt bestreut servieren.

HEIDELBEERPORRIDGE
MIT MANDELDRINK

ZUTATEN FÜR 4 PERSONEN

+ **250 g Heidelbeeren**
+ **2 EL Zitronensaft**
+ **100 g Vollkornhaferflocken**
+ **100 g Sahne**
+ **40 g Mandelmus**
+ **Zimtpulver**

NÄHRWERTE PRO PORTION
Eiweiß: 6 g • Fett: 15 g
Kohlenhydrate: 20 g • Brennwert: 254 kcal

ZUBEREITUNG

01. Die Heidelbeeren waschen und verlesen. Mit dem Zitronensaft in einen Topf geben und aufkochen, gelegentlich umrühren.

02. Für das Porridge die Haferflocken mit 400 ml Wasser aufkochen und 2 bis 3 Minuten quellen lassen. Die Sahne und das Mandelmus unterrühren.

03. Das Heidelbeerporridge auf Schälchen verteilen. Die Heidelbeeren mit dem Saft daraufgeben und mit Zimt bestäuben.

LOW-CARB-MÜSLI
MIT MANDELN UND KIWI

ZUBEREITUNG

01. Die Mandeln in einer Pfanne ohne Fett anrösten, abkühlen lassen und grob hacken. Mit den Rosinen vermischen und in vier Gläser füllen. Den Joghurt auf die Mandel-Rosinen-Mischung geben.

02. Die Minze waschen, trocken schütteln, die Blätter abzupfen und einige Spitzen zum Garnieren beiseitelegen.

03. Die Kiwis schälen und vier schöne Scheiben zum Garnieren beiseitelegen. Die restlichen Kiwis mit der Minze fein pürieren und auf dem Joghurt verteilen. Das Low-Carb-Müsli mit Minze und Kiwischeiben garnieren und sofort servieren.

───────

TIPP — *Mandeln liefern gesunde Fettsäuren, hochwertiges Eiweiß und Ballaststoffe — und das bei einer „schlanken" Kohlenhydratbilanz (nur 10 % Kohlenhydrate). Sie sind daher nicht nur im Frühstücksmüsli eine gute und nährstoffreiche Alternative zu Getreideerzeugnissen.*

ZUTATEN
FÜR 4 PERSONEN

+ **80 g blanchierte Mandeln**
+ **20 g Rosinen**
+ **400 g griechischer Joghurt**
+ **2 Stiele Minze**
+ **4 Kiwis**

NÄHRWERTE PRO PORTION
Eiweiß: 10 g • Fett: 14 g
Kohlenhydrate: 18 g
Brennwert: 241 kcal

FRUCHTIGER FRÜHSTÜCKSQUARK
MIT LEINÖL

ZUBEREITUNG

01.   Den Quark, die Milch, das Öl und den Honig in einer Schüssel verrühren. Die Mischung in kleine Gläser oder Schüsseln füllen.

02.   Den Apfel waschen und halbieren, entkernen und in dünne Spalten schneiden. Die Beeren verlesen, waschen und trocken tupfen. Die Erdbeeren putzen, waschen und in Scheiben schneiden. Das Obst auf dem Quark verteilen und zum Servieren nach Belieben mit Mandeln, Walnüssen oder Haselnüssen bestreuen.

———

TIPP — Wer mag, kann das Obst auch noch mit der Quarkmischung pürieren. Einfach wie beschrieben vorbereiten und mit dem Quark und den übrigen Zutaten in einen Küchenmixer oder hohen Rührbecher geben. Dann im Mixer oder mit dem Stabmixer fein pürieren.

ZUTATEN
FÜR 4 PERSONEN

+ **300 g Magerquark**
+ **100 ml Milch**
+ **40 ml Leinöl**
+ **10 g Honig**
+ **150 g Apfel**
+ **150 g gemischte Beeren (z. B. Heidelbeeren, Erdbeeren, Brombeeren)**
+ **50 g gehackte Nüsse (z. B. Mandeln, Walnüsse oder Haselnüsse)**

NÄHRWERTE PRO PORTION
Eiweiß: 10 g • Fett: 19 g
Kohlenhydrate: 15 g
Brennwert: 269 kcal

BIRCHERQUARK
MIT ERDBEEREN

ZUBEREITUNG

01. Haferkleie, Leinsamen, Quark und Milch in einer Schüssel verrühren.

02. Die Erdbeeren waschen, putzen und vierteln. Die Haselnüsse hacken und in einer Pfanne ohne Fett anrösten.

03. Die Erdbeerviertel auf dem Quark anrichten und den Bircherquark mit den Haselnüssen bestreut servieren.

———

TIPP — *Erdbeeren sollten so frisch wie möglich verzehrt werden, sie halten sich (gut gekühlt) etwa 2 Tage. Die druckempfindlichen Sensibelchen sollten Sie nur kurz waschen und gut abtropfen lassen. Grundsätzlich empfiehlt sich regionale Ware, möglichst aus Bioanbau.*

ZUTATEN
FÜR 4 PERSONEN

+ **4 EL Haferkleie**
+ **4 TL Leinsamen (geschrotet)**
+ **400 g Magerquark**
+ **200 ml Milch (1,5 % Fett)**
+ **200 g Erdbeeren**
+ **25 g Haselnüsse**

NÄHRWERTE PRO PORTION
Eiweiß: 19 g • Fett: 12 g
Kohlenhydrate: 12 g
Brennwert: 231 kcal

CHIAPUDDING
MIT TOFU UND BEEREN

ZUBEREITUNG

01. Die Chiasamen mit dem Mandeldrink verrühren und 30 Minuten im Kühlschrank ziehen lassen.

02. Den Seidentofu mit einer Gabel fein zerdrücken und mit dem Joghurt verrühren. Die Beeren verlesen, waschen und trocken tupfen.

03. Erst die Chiasamen-Mandeldrink-Mischung, dann den Joghurt und zum Schluss die Beeren in vier Gläser schichten. Mit den gerösteten Sojakernen bestreuen.

———

TIPP — *Chiasamen bringen neben ihrem guten Sättigungseffekt wertvolle Omega-6- und Omega-3-Fettsäuren in einem günstigen Verhältnis mit. Zudem enthalten sie Antioxidantien, Eisen und Kalzium.*

ZUTATEN
FÜR 4 PERSONEN

+ **80 g Chiasamen**
+ **400 ml Mandeldrink**
+ **240 g Seidentofu**
+ **80 g Naturjoghurt (0,1 % Fett)**
+ **160 g Beeren**
  (z. B. Himbeeren, Heidelbeeren oder Brombeeren)
+ **20 g geröstete Sojakerne**

NÄHRWERTE PRO PORTION
Eiweiß: 12 g • Fett: 12 g
Kohlenhydrate: 6 g
Brennwert: ca. 200 kcal

KRÄUTEROMELETT
MIT RÄUCHERLACHS

ZUTATEN FÜR 4 PERSONEN

+ 600 g Salatgurke
+ Salz
+ 100 g Räucherlachs
+ ½ Kästchen Gartenkresse
+ 6 Eier
+ Pfeffer aus der Mühle
+ 4 EL Mineralwasser
+ 4 EL Kefir
+ 4 EL gehackter Dill
+ 4 EL Schnittlauchröllchen
+ 4 EL Rapsöl

NÄHRWERTE PRO PORTION
Eiweiß: 18 g • Fett: 24 g
Kohlenhydrate: 5 g • Brennwert: 320 kcal

ZUBEREITUNG

01. Die Gurke waschen oder schälen und schräg in dünne Scheiben schneiden, auf vier Tellern flach auslegen und mit Salz bestreuen. Den Lachs in Würfel schneiden. Die Kresse vom Beet schneiden, waschen und trocken tupfen.

02. Die Eier mit Salz, Pfeffer, Mineralwasser und Kefir verquirlen, Dill und Schnittlauch unterrühren. Das Öl in einer Pfanne erhitzen, die Eiermasse hineingeben und darin bei schwacher Hitze zu einem Omelett stocken lassen. Das Kräuteromelett mit Lachswürfeln und Kresse bestreuen und mit den Gurkenscheiben anrichten.

BEERENOMELETT
MIT RICOTTACREME

ZUTATEN FÜR 4 PERSONEN

+ **200 g gemischte Beeren (z. B. Himbeeren, Heidelbeeren und Erdbeeren)**
+ **4 Eier • Salz • 4 EL Milch (1,5 % Fett)**
+ **4 EL Mandelmehl • 4 TL Öl • 4 Stiele Minze**
+ **200 g Ricotta (italienischer Frischkäse)**
+ **200 g Magerquark**
+ **abgeriebene Schale von 1 Bio-Zitrone**
+ **2 EL Zitronensaft**
+ **3 TL flüssiger Honig**

NÄHRWERTE PRO PORTION
Eiweiß: 21 g • Fett: 18 g
Kohlenhydrate: 8 g • Brennwert: ca. 300 kcal

ZUBEREITUNG

01. Die Beeren verlesen, waschen und vorsichtig trocken tupfen. Die Eier trennen. Die Eiweiße mit 1 Prise Salz steif schlagen. Die Eigelbe, die Milch und das Mandelmehl verquirlen. Den Eischnee unter die Eigelbmischung heben.

02. Das Öl in einer kleinen beschichteten Pfanne erhitzen. Die Omelettmasse hineingeben, etwas glatt streichen und mit den Beeren belegen. Zugedeckt bei mittlerer Hitze 5 bis 6 Minuten garen, bis das Omelett an der Oberfläche gestockt ist.

03. Die Minze waschen, trocken tupfen, die Blätter in feine Streifen schneiden. Den Ricotta mit Quark, Zitronenschale und -saft, Honig und Minze glatt rühren. Das Beerenomelett mit der Ricottacreme anrichten.

OMELETT-WRAP
MIT SCHINKEN

ZUBEREITUNG

01. Die Eier mit 4 TL Öl verquirlen und mit Salz und Pfeffer würzen. Das restliche Öl in einer kleinen beschichteten Pfanne erhitzen. Aus der Eiermasse nacheinander 4 Omeletts backen. Dazu die Eiermasse in die Pfanne geben und durch Schwenken dünn verteilen. Etwa 1 Minute braten, dann vorsichtig wenden und etwa 1 Minute weiterbraten. Auf einen Teller geben und abkühlen lassen.

02. Inzwischen die Möhren putzen, schälen und grob raspeln. Die Frühlingszwiebeln putzen, waschen und in feine Ringe schneiden. Die Petersilie waschen und trocken tupfen, die Blätter abzupfen und fein hacken. Alles unter den Quark rühren und mit Salz und Pfeffer würzen.

03. Den Schinken auf die Omeletts legen und mit dem Quark bestreichen. Die Omeletts zu Wraps aufrollen.

───────

TIPP — *Die Omelett-Wraps liefern reichlich Eiweiß aus Milchprodukten und Eiern und bringen ordentlich Gemüse als Begleiter mit. Sie sind daher ein gehaltvolles Low-Carb-Frühstück.*

ZUTATEN FÜR 4 PERSONEN

+ **4 Eier**
+ **8 TL Öl**
+ **Salz • Pfeffer aus der Mühle**
+ **4 Möhren**
+ **4 Frühlingszwiebeln**
+ **1 Bund Petersilie**
+ **400 g Magerquark**
+ **8 Scheiben magerer Kochschinken (à 15 g)**

NÄHRWERTE PRO PORTION
Eiweiß: 29 g • Fett: 13 g
Kohlenhydrate: 9 g
Brennwert: ca. 270 kcal

RÜHREI
MIT SCHINKEN UND PILZEN

ZUBEREITUNG

01. Die Champignons putzen und in dünne Scheiben schneiden. Die Zwiebeln schälen und in feine Würfel schneiden. Den Schinken in feine Streifen schneiden.

02. Die Butter in einer Pfanne erhitzen und die Zwiebelwürfel darin andünsten. Pilze und Schinkenstreifen hinzufügen und unter Rühren andünsten.

03. Die Eier in eine Schüssel aufschlagen und verquirlen. Mit Salz und Pfeffer würzen und in die Pfanne geben. Etwas stocken lassen, mit einem Pfannenwender zusammenschieben und das Rührei fertig backen.

04. Das Rührei auf einen Teller geben und die Schnittlauchröllchen darüberstreuen.

ZUTATEN
FÜR 4 PERSONEN

+ **200 g Champignons**
+ **4 kleine Zwiebeln**
+ **120 g Rindersaftschinken**
+ **20 g Butter**
+ **8 Eier**
+ **Salz • Pfeffer**
+ **4 EL Schnittlauchröllchen**

NÄHRWERTE PRO PORTION
Eiweiß: 23 g • Fett: 17 g
Kohlenhydrate: 5 g
Brennwert: 261 kcal

02

GEMÜSE, SALATE & CO.

AVOCADO
MIT TOMATENFÜLLUNG

ZUBEREITUNG

01. Die Avocados halbieren und den Stein entfernen. Die Avocadohälften mit Salz und Pfeffer würzen. Die Tomaten waschen, halbieren und in kleine Würfel schneiden, dabei Kerne und Stielansatz entfernen.

02. Die Pinienkerne in einer beschichteten Pfanne ohne Fett leicht rösten. Herausnehmen und abkühlen lassen.

03. Die Tomaten mit Zwiebel, Knoblauch und Basilikum mischen und in die Mulden der Avocadohälften verteilen. Den Essig darüberträufeln. Die gefüllten Avocadohälften mit Pinienkernen und Parmesan bestreuen und mit den Dillspitzen garniert servieren.

———

TIPP — *Für eine Avocado-Salsa schneiden Sie einfach die geschälten Avocadohälften ebenfalls in kleine Würfel und mischen sie mit den Zutaten für die Füllung.*

ZUTATEN
FÜR 4 PERSONEN

+ **2 Avocados**
+ **Salz • Pfeffer aus der Mühle**
+ **2 Tomaten**
+ **2 EL Pinienkerne**
+ **2 EL rote Zwiebelwürfel**
+ **einige Knoblauchwürfel**
+ **4 EL gehacktes Basilikum**
+ **4 EL Aceto balsamico**
+ **4 TL Parmesanspäne**
+ **einige Dillspitzen zum Garnieren**

NÄHRWERTE PRO PORTION
Eiweiß: 4 g • Fett: 17 g
Kohlenhydrate: 7 g
Brennwert: 200 kcal

ROHE ZUCCHINI-SPAGHETTI
MIT TOMATEN, SESAM UND LIMETTEN

ZUBEREITUNG

01. Die Zucchini putzen, waschen und mithilfe eines Spiralschneiders in feine Spaghetti-Streifen schneiden. Die Avocados halbieren und den Stein entfernen. Die Avocadohälften schälen und das Fruchtfleisch in etwa 2 cm große Würfel schneiden. Mit dem Limettensaft beträufeln.

02. Die Tomaten waschen und halbieren, dabei die Stielansätze entfernen. Die Tomaten entkernen und das Fruchtfleisch in kleine Würfel schneiden. Den Dill waschen und trocken schütteln. Die Spitzen abzupfen und fein hacken.

03. Die Zucchini-Spaghetti mit den Avcadowürfeln, den Tomaten und dem Dill vermischen. Das Olivenöl, den Essig und die Sojasauce unter das Gemüse mischen. Mit Salz, Pfeffer und 1 Prise Chili abschmecken.

04. Die Limetten heiß waschen, trocken reiben und in 8 Spalten schneiden. Die Zucchini-Spaghetti auf Teller verteilen und mit dem Sesam bestreuen. Mit den Limettenspalten garnieren und servieren.

ZUTATEN
FÜR 4 PERSONEN

+ **500 g Zucchini**
+ **2 Avocados**
+ **2–3 EL Limettensaft**
+ **5 Tomaten**
+ **½ Handvoll Dill**
+ **4 EL Olivenöl**
+ **3 EL Reisessig**
+ **2 EL Sojasauce**
+ **Salz • Pfeffer aus der Mühle**
+ **Chilipulver**
+ **2 Bio-Limetten**
+ **2 EL schwarzer Sesam**

NÄHRWERTE PRO PORTION
Eiweiß: 6 g • Fett: 23 g
Kohlenhydrate: 10 g
Brennwert: 274 kcal

———

TIPP — *Wer keinen Spiralschneider für die Spaghetti hat, kann die Zucchini auch mit einem Sparschäler längs in dünne Streifen schneiden und diese als „Pappardelle" servieren.*

GEMÜSE-POMMES-ZWEIERLEI
MIT KOKOSÖL

ZUTATEN FÜR 4 BEILAGEN-PORTIONEN

FÜR DIE MÖHREN-POMMES:
+ **600 g Möhren** • **1—2 EL mildes Kokosöl**
+ **½ TL gehackter Thymian** • **Meersalz**

FÜR ROTE-BETE-POMMES:
+ **300 g Rote Bete** • **1—2 EL mildes Kokosöl**
+ **½ TL gehackter Thymian** • **Meersalz**

NÄHRWERTE PRO PORTION
Eiweiß: 4 g • Fett: 21 g
Kohlenhydrate: 18 g • Brennwert: 279 kcal

ZUBEREITUNG

01. Den Backofen auf 200 °C vorheizen. Das Gemüse jeweils putzen, schälen, waschen und in möglichst gleich große dünne Stifte schneiden.

02. Ein Backblech mit Backpapier auslegen und das Kokosöl daraufgeben. Das Blech etwa 1 Minute in den Ofen schieben, bis das Öl zerlassen ist.

03. Das Gemüse auf dem Blech mit den Kräutern sowie etwas Salz und dem Kokosöl vermischen. Das Öl sollte die Pommes vollständig benetzen. Das Gemüse auf dem Backblech verteilen, ohne dass sich die einzelnen Stifte überlappen.

04. Je nach Sorte und Größe der Stifte das Gemüse 30 bis 40 Minuten rösten, zwischendurch wenden. Während der letzten 10 Minuten darauf achten, dass die Pommes nicht verbrennen. Die Pommes aus dem Ofen nehmen und sofort servieren. Nach Belieben mit Sesam bestreuen. Dazu passt ein gemischter Salat.

AUBERGINENPASTE
MIT PETERSILIE UND HARISSA

ZUTATEN FÜR 4 PERSONEN

+ 500 g Auberginen
+ 3 EL Olivenöl
+ 1 Knoblauchzehe
+ ½ Bund Petersilie
+ 1 Zitrone
+ 2 EL Sesampaste (Tahin; aus dem Glas)
+ ca. ½ TL Harissa
+ Salz • Pfeffer aus der Mühle

NÄHRWERTE PRO PORTION
Eiweiß: 3 g • Fett: 11 g
Kohlenhydrate: 6 g • Brennwert: 143 kcal

ZUBEREITUNG

01. Den Backofen auf 160 °C vorheizen. Ein Backblech mit Backpapier auslegen. Die Auberginen waschen, trocken reiben, mit einer Gabel mehrmals einstechen und mit 1 EL Öl bestreichen. Im Backofen auf der mittleren Schiene so lange garen, bis die Haut Blasen wirft und sich das Fruchtfleisch weich anfühlt.

02. Den Knoblauch schälen und grob zerkleinern. Die Petersilie waschen und trocken schütteln, die Blätter von den Stielen zupfen und grob hacken. Die Zitrone auspressen.

03. Die Auberginen aus dem Backofen nehmen, mit einem feuchten Küchentuch bedecken und kurz abkühlen lassen. Häuten und den Stielansatz entfernen. Das abgekühlte Fruchtfleisch grob zerkleinern.

04. Das Auberginenfruchtfleisch mit der Sesampaste, dem Knoblauch, der Petersilie, 4 EL Zitronensaft und dem restlichen Öl im Mixer fein pürieren. Mit Harissa, Salz und Pfeffer würzig abschmecken.

GEMÜSECURRY
MIT JOGHURT UND TOFU

ZUBEREITUNG

01. Knoblauch und Ingwer schälen, beides in feine Würfel schneiden. Die Zwiebeln schälen und in Spalten schneiden. Den Tofu in Würfel schneiden.

02. Das Öl im Wok erhitzen und alles darin andünsten. Senfkörner, Curryblätter und -pulver dazugeben und kurz mitdünsten. Mit Kokosmilch und Brühe ablöschen.

03. Blumenkohl putzen, waschen und in kleine Röschen teilen. Bohnen und Zuckerschoten putzen und waschen. Die Tomaten waschen und in grobe Würfel schneiden, dabei die Stielansätze entfernen.

04. Blumenkohl und Bohnen zum Curry geben und zugedeckt 8 bis 10 Minuten köcheln lassen. Zuckerschoten und Tomatenwürfel hinzufügen und alles weitere 4 bis 5 Minuten garen. Mit Limettensaft und Salz abschmecken.

05. Koriander waschen, trocken tupfen und fein hacken. Mit dem Joghurt zum Gemüsecurry servieren.

TIPP — *Tofu wird aus Sojabohnen hergestellt und ist eine richtige Eiweißbombe. Besonders für Vegetarier ist er bei einer kohlenhydratreduzierten Ernährung daher eine ideale Eiweißquelle. Den Sojakäse gibt es in unterschiedlichen Varianten und Konsistenzen.*

ZUTATEN
FÜR 4 PERSONEN

+ **2 Knoblauchzehen**
+ **40 g Ingwer**
+ **2 rote Zwiebeln**
+ **280 g Tofu**
+ **4 TL Öl**
+ **4 TL Senfkörner**
+ **4 TL Curryblätter**
+ **2 TL Currypulver**
+ **je 400 ml Kokosmilch und Gemüsebrühe**
+ **300 g Blumenkohl**
+ **200 g grüne Bohnen**
+ **100 g Zuckerschoten**
+ **260 g Fleischtomaten**
+ **4 TL Limettensaft • Salz**
+ **4 Stiele Koriander**
+ **160 g Naturjoghurt (1,5 % Fett)**

NÄHRWERTE PRO PORTION
Eiweiß: 20 g • Fett: 21 g
Kohlenhydrate: 17 g
Brennwert: 343 kcal

KÜRBIS-ZUCCHINI-AUFLAUF
MIT RICOTTA

ZUBEREITUNG

01. Den Backofen auf 200 °C vorheizen. Die Champignons putzen. Die Butter in einer Pfanne erhitzen und die Champignons darin anbraten. Mit Salz und Pfeffer würzen und aus der Pfanne nehmen.

02. Das Kürbisfruchtfleisch in Würfel schneiden und in kochendem Salzwasser 6 bis 8 Minuten vorgaren, abgießen und abtropfen lassen. Die Zucchini putzen, waschen und längs vierteln. Die Zucchini in einer Grillpfanne im Olivenöl braten, bis die Zucchini ein Grillmuster bekommen haben.

03. Den Spinat verlesen, waschen und trocken schleudern. Den Oregano waschen, trocken schütteln und die Blätter abzupfen. Champignons, Kürbis, Zucchini, Spinat und Oregano mischen, mit Salz und Pfeffer würzen und in einer Auflaufform verteilen.

04. Den Saft der Dosentomaten über das Gemüse gießen, die Tomaten zerkleinern und zusammen mit dem Ricotta darüber verteilen. Im Ofen auf der mittleren Schiene etwa 25 Minuten fertig garen. Den Kürbis-Zucchini-Auflauf auf Teller verteilen und servieren.

ZUTATEN
FÜR 4 PERSONEN

+ **200 g kleine Champignons**
+ **1 EL Butter**
+ **Salz • Pfeffer aus der Mühle**
+ **500 g Kürbisfruchtfleisch**
  (z. B. Muskat oder Butternut)
+ **400 g Zucchini**
+ **1 EL Olivenöl**
+ **100 g junger Spinat**
+ **4 Stiele frischer Oregano**
+ **800 g geschälte Tomaten**
  (aus der Dose)
+ **300 g Ricotta**

NÄHRWERTE PRO PORTION
Eiweiß: 14 g • Fett: 15 g
Kohlenhydrate: 15 g
Brennwert: 252 kcal

GEFÜLLTE TOMATEN
MIT ZIEGENKÄSE

ZUBEREITUNG

01. Die Linsen in einem Topf in Salzwasser bei schwacher Hitze 5 bis 10 Minuten garen, bis sie weich sind, aber nicht zerfallen. In ein Sieb abgießen und abtropfen lassen.

02. Die Frühlingszwiebel putzen, waschen und in feine Ringe schneiden. Die Chilischote längs halbieren, entkernen, waschen und in feine Würfel schneiden.

03. Die Linsen in einer Schüssel mit Frühlingszwiebel, Chili und Joghurt mischen. Mit Kreuzkümmel, Kurkuma, Zimt, Zitronensaft, Salz und Pfeffer würzen.

04. Den Backofen auf 200 °C vorheizen. Die Tomaten waschen, oben einen Deckel abschneiden und mit einem kleinen Löffel die Kerne und das Fruchtfleisch herauslösen. Den Ziegenkäse in Scheiben schneiden.

05. Eine Auflaufform einfetten, die Tomaten hineinsetzen, mit dem Linsengemüse füllen und mit Ziegenkäse belegen. Im Ofen auf der mittleren Schiene etwa 15 Minuten garen, bis der Käse goldbraun ist und die Tomaten beginnen aufzuplatzen.

ZUTATEN
FÜR 4 PERSONEN

+ **100 g rote Linsen**
+ **Salz**
+ **1 Frühlingszwiebel**
+ **1 kleine rote Chilischote**
+ **2 EL Naturjoghurt**
+ **1 TL gemahlener Kreuzkümmel**
+ **½ TL gemahlene Kurkuma**
+ **1 Msp. Zimtpulver**
+ **2 EL Zitronensaft**
+ **Pfeffer aus der Mühle**
+ **4 große Tomaten (z. B. Cœur de bœuf oder Fleischtomaten)**
+ **50 g Ziegenweichkäse**
+ **Olivenöl für die Form**

NÄHRWERTE PRO PORTION
Eiweiß: 10 g • Fett: 15 g
Kohlenhydrate: 15 g
Brennwert: ca. 153 kcal

———

TIPP — Cœur de bœuf bzw. Ochsenherztomaten sind stark gerippte Fleischtomaten, deren Exemplare bis zu 500 g wiegen können. Sie gehören zu den delikatesten Tomatensorten, sind allerdings sehr empfindlich und vollreif geerntet nicht lange haltbar.

AUBERGINENRÖLLCHEN
IN TOMATENSAUCE

ZUBEREITUNG

01. Für die Tomatensauce Zwiebel und Knoblauch schälen und in feine Würfel schneiden. Möhre schälen, Sellerie putzen und waschen. Beides in kleine Würfel schneiden.

02. Das Olivenöl in einem großen Topf erhitzen. Zwiebel, Knoblauch und Sellerie darin andünsten. Das Tomatenmark unterrühren, mit dem Wein ablöschen und etwas einköcheln lassen. Dann den Lammfond angießen und die Tomaten samt Saft hinzufügen und untermischen. Alles bei schwacher Hitze etwa 20 Minuten einköcheln lassen. Den Topf vom Herd nehmen, den Thymian dazugeben und die Tomatensauce mit Salz und Pfeffer abschmecken.

03. Für die Auberginenröllchen 2 EL Olivenöl in einer Pfanne erhitzen und das Hackfleisch darin krümelig braten. Etwa ein Drittel der Tomatensauce dazugeben und untermischen, die Hackfüllung mit Salz, Pfeffer und 1 Prise Kreuzkümmel würzen.

04. Den Backofen auf 180 °C vorheizen. Auberginen putzen, waschen und längs in 1 cm dicke Scheiben schneiden. Olivenöl in einer Pfanne erhitzen und die Auberginenscheiben darin portionsweise auf beiden Seiten 1 bis 2 Minuten goldbraun braten. Herausnehmen und auf Küchenpapier abtropfen lassen. Auf das untere Ende der Auberginenscheiben je 1 EL Füllung geben, die Scheiben aufrollen und nach Belieben mit Holzspießchen feststecken.

05. Auberginenröllchen nebeneinander in eine große flache Auflaufform setzen. Restliche Tomatensauce über die Röllchen gießen, mit der Hälfte des Ziegenkäses bestreuen.

06. Die Auberginenröllchen im Ofen auf der mittleren Schiene etwa 25 Minuten garen. Mit dem restlichen Käse bestreut servieren.

ZUTATEN
FÜR 4 PERSONEN

FÜR DIE TOMATENSAUCE:
+ 1 Zwiebel
+ 2 Knoblauchzehen
+ 1 Möhre
+ 1 Stange Staudensellerie
+ 2 EL Olivenöl
+ 1 EL Tomatenmark
+ 150 ml trockener Rotwein
+ 300 ml Lammfond
+ 400 g stückige Tomaten (aus der Dose)
+ 1 EL Thymianblättchen
+ Salz • Pfeffer aus der Mühle

FÜR DIE AUBERGINEN-RÖLLCHEN:
+ Olivenöl zum Braten
+ 450 g Lammhackfleisch
+ Salz • Pfeffer aus der Mühle
+ gemahlener Kreuzkümmel
+ 2 Auberginen
+ 50 g geriebener Ziegenkäse

NÄHRWERTE PRO PORTION
Eiweiß: 30 g • Fett: 19 g
Kohlenhydrate: 11 g
Brennwert: 350 kcal

AUBERGINENLASAGNE
MIT PAPRIKA

ZUBEREITUNG

01. Den Backofengrill einschalten. Ein Backblech mit Backpapier auslegen. Die Paprikaschoten längs halbieren, entkernen, waschen und mit der Hautseite nach oben auf das Backblech legen. Die Paprikahälften mit 2 EL Olivenöl bepinseln und unter dem heißen Grill etwa 10 Minuten backen, bis die Haut Blasen wirft. Aus dem Ofen nehmen und mit einem feuchten Küchentuch bedeckt abkühlen lassen.

02. Die Auberginen putzen, waschen und längs in etwa 5 mm dicke Scheiben schneiden. Die Auberginenscheiben mit Salz bestreuen und etwa 10 Minuten Wasser ziehen lassen. Von den Paprikahälften die Haut abziehen. Die Auberginenscheiben trocken tupfen, portionsweise in einer heißen Grillpfanne in jeweils etwas Olivenöl auf beiden Seiten je etwa 2 Minuten goldbraun braten und auf einen Teller legen.

03. Die Zwiebel und den Knoblauch schälen, in feine Würfel schneiden und in einem Topf im restlichen Olivenöl andünsten. Die Tomaten hinzufügen, zerdrücken und etwa 15 Minuten einköcheln lassen. Mit Salz, 1 Prise Zucker und Pfeffer abschmecken.

04. Den Backofen auf 180 °C vorheizen. Die Auberginenscheiben und die Sauce lagenweise in eine Auflaufform füllen: Zunächst etwas Tomatensauce in die Auflaufform füllen. Darauf Auberginenscheiben legen, mit den Paprikascheiben fortfahren und ein wenig Sauce darüber verteilen. Mit etwas Käse bestreuen. Mit Auberginenscheiben belegen und so fortfahren, bis alles verbraucht ist. Zum Schluss mit Auberginenscheiben bedecken und mit dem restlichen Käse (bis auf 4 EL) bestreuen. Im Ofen auf der mittleren Schiene etwa 25 Minuten goldbraun backen. Die Auberginenlasagne in Stücke geteilt mit Käse bestreut servieren.

ZUTATEN FÜR 4 PERSONEN

+ **4 rote Paprikaschoten**
+ **ca. 4 EL Olivenöl**
+ **3 Auberginen**
+ **Salz**
+ **1 Zwiebel**
+ **1 Knoblauchzehe**
+ **800 g geschälte Tomaten (aus der Dose)**
+ **Zucker**
+ **Pfeffer aus der Mühle**
+ **ca. 150 g geriebener Käse (z. B. Pecorino)**

NÄHRWERTE PRO PORTION
Eiweiß: 18 g • Fett: 23 g
Kohlenhydrate: 16 g
Brennwert: 345 kcal

GEMÜSECHIPS
ZUM SNACKEN

ZUTATEN FÜR 4 PERSONEN

+ **400 g Möhren, Pastinaken und Rote Beten**
+ **Pflanzenöl zum Frittieren**
+ **Salz**

NÄHRWERTE PRO PORTION
Eiweiß: 1 g • Fett: 13 g
Kohlenhydrate: 9 g • Brennwert: 153 kcal

ZUBEREITUNG

01. Die Möhren, Pastinaken und Roten Beten putzen und schälen. Dabei am besten Einweghandschuhe tragen, da die roten Knollen stark abfärben. Die Möhren und Pastinaken längs in große Scheiben schneiden oder hobeln. Die Roten Beten fein hobeln. Die Gemüsescheiben kalt abbrausen, abtropfen lassen und mit Küchenpapier trocken tupfen.

02. Das Öl in der Fritteuse oder in einem Topf auf 170 °C erhitzen und die Gemüsescheiben darin portionsweise knusprig frittieren. Mit dem Schaumlöffel herausheben und auf Küchenpapier abtropfen lassen.

03. Die Gemüsechips mit Salz bestreuen, in Schälchen anrichten und servieren.

GRÜNKOHLCHIPS
MIT JAPANISCHER WÜRZMISCHUNG

ZUTATEN FÜR 4 PERSONEN

+ **500 g Grünkohl**
+ **1 TL gemahlene Kurkuma**
+ **½ TL Chilipulver**
+ **½ TL Ingwerpulver**
+ **1 TL Salz**
+ **1 TL schwarzer Sesam**
+ **2 EL Erdnussöl**

NÄHRWERTE PRO PORTION
Eiweiß: 6 g • Fett: 7 g
Kohlenhydrate: 3 g • Brennwert: 98 kcal

ZUBEREITUNG

01. Den Backofen auf 170 °C vorheizen. Den Grünkohl putzen, waschen und trocken schütteln. Die Blätter von den harten Stielen befreien und grob hacken. Kurkuma, Chili, Ingwer, Salz und Sesam vermischen. 1 bis 2 TL der Gewürzmischung mit dem Öl und den Grünkohlstücken mischen und diese gleichmäßig auf einem mit Backpapier belegten Backblech verteilen.

02. Den Grünkohl im Ofen auf der mittleren Schiene etwa 30 Minuten knusprig backen. Zwischendurch ab und zu wenden. Die Grünkohlchips aus dem Ofen nehmen, abkühlen lassen und mit der restlichen Gewürzmischung bestreut servieren.

DATTELTOMATEN-MANGO-SALAT
MIT SCHAFSKÄSE UND RUCOLA

ZUBEREITUNG

01. Die Tomaten waschen und halbieren. Den Rucola verlesen, waschen und trocken schleudern. Die Blätter von den Stielen zupfen, die Stiele fein schneiden. Die Mango schälen, das Fruchtfleisch zuerst vom Stein und dann in 1½ cm große Würfel schneiden. Den Feta ebenfalls in 1½ cm große Würfel schneiden.

02. Die Tomaten, den Rucola und die Mango in eine Schüssel geben. Mit Limettensaft und Olivenöl mischen und mit Chilisalz würzen.

03. Den Datteltomaten-Mango-Salat abwechselnd mit dem Feta in Gläser füllen und mit dem Körnermix bestreuen.

TIPP — *Gelb-rotes Dreamteam: Die Kombi aus Mango und Tomate ist nicht nur ein außergewöhnliches Geschmackserlebnis, sondern auch ein Volltreffer für Gesundheit und Fitness. Für die leuchtenden Farben der beiden sind die Carotinoide Betacarotin (Mango) und Lycopin (Tomate) verantwortlich, die im Körper als Radikalfänger unterwegs sind.*

ZUTATEN
FÜR 4 PERSONEN

+ **120 g Datteltomaten**
+ **50 g Rucola**
+ **½ reife Mango**
+ **100 g Feta (Schafskäse)**
+ **1 Spritzer Limettensaft**
+ **1 EL mildes Olivenöl**
+ **mildes Chilisalz**
+ **je 1 TL Leinsamen, Sonnenblumenkerne und gehackte Walnüsse**

NÄHRWERTE PRO PORTION
Eiweiß: 5 g • Fett: 11 g
Kohlenhydrate: 6 g
Brennwert: 146 kcal

GRATINIERTER ZIEGENKÄSE
AUF FELDSALAT

ZUBEREITUNG

01. Den Backofengrill einschalten. Ein Backblech mit Backpapier auslegen. Den Feldsalat verlesen und gründlich waschen, dabei die Wurzelansätze entfernen, anschließend trocken schleudern. Die Tomaten waschen und halbieren. Den Apfel waschen und vierteln, entkernen und in dünne Scheiben schneiden.

02. Die Haselnüsse in einer beschichteten Pfanne ohne Fett leicht rösten. Herausnehmen und abkühlen lassen.

03. Für die Vinaigrette die Zwiebel schälen und in feine Würfel schneiden. Die Zwiebelwürfel in einer Schüssel mit Senf, Reissirup, Essig, Salz und Pfeffer mischen und das Öl unterschlagen.

04. Die Käsetaler auf das Blech setzen und unter dem Backofengrill etwa 4 Minuten gratinieren. Feldsalat, Tomaten und Apfelscheiben mit der Vinaigrette mischen und auf Teller verteilen. Den gratinierten Ziegenkäse auf dem Salat anrichten und mit Nüssen bestreut servieren.

ZUTATEN
FÜR 4 PERSONEN

+ **100 g Feldsalat**
+ **300 g Cocktailtomaten**
+ **1 kleiner Apfel**
+ **1–2 EL grob gehackte Haselnüsse**
+ **1 kleine Zwiebel**
+ **1 TL mittelscharfer Senf**
+ **1 TL Reissirup**
+ **2 EL Weißweinessig**
+ **Salz • Pfeffer aus der Mühle**
+ **2 EL Rapsöl**
+ **2 Ziegenfrischkäsetaler (à ca. 40 g)**

NÄHRWERTE PRO PORTION
Eiweiß: 6 g • Fett: 18 g
Kohlenhydrate: 16 g
Brennwert: 270 kcal

———

TIPP — *Ziegenkäse hat zwar einen intensiven Geschmack, ist aber eine sehr verträgliche (und laktosearme) Alternative zu Käse aus Kuhmilch. Wer Ziegenkäse nicht mag, kann auch Gorgonzola gratinieren.*

GRIECHISCHER SALAT
MIT LAMMFILET UND KICHERERBSEN

ZUTATEN FÜR 4 PERSONEN

+ 16 Lammfilets (ca. 480 g)
+ Salz • Pfeffer aus der Mühle
+ 3 EL Rapsöl • 2 EL Thymianblättchen
+ 4 angedrückte Knoblauchzehen
+ 2 kleine Zwiebeln • 400 g bunte Cocktailtomaten • 400 g grüne Bohnen
+ 240 g Kichererbsen (aus der Dose)
+ 100 g Kalamata-Oliven (ohne Stein)
+ 4 EL Weißweinessig • 4 TL Honig
+ 4 EL Olivenöl
+ je einige Minze- und Petersilienblätter

NÄHRWERTE PRO PORTION
Eiweiß: 34 g • Fett: 24 g
Kohlenhydrate: 26 g • Brennwert: 459 kcal

ZUBEREITUNG

01. Die Lammfilets rundum mit Salz und Pfeffer würzen. Das Öl in einer Pfanne erhitzen und die Filets darin rundum 2 bis 3 Minuten anbraten. Den Thymian waschen, trocken tupfen und mit dem Knoblauch dazugeben. Alles kurz schwenken, die Lammfilets herausnehmen und in Alufolie wickeln.

02. Die Zwiebeln schälen und in feine Streifen schneiden. Die Tomaten waschen und halbieren. Die Bohnen putzen, waschen und in kochendem Salzwasser 3 bis 4 Minuten garen. In ein Sieb abgießen, kalt abschrecken und abtropfen lassen, nach Belieben längs halbieren.

03. Die Kichererbsen auf einem Sieb abbrausen und abtropfen lassen. Alles mit den Oliven in einer Schüssel mischen.

04. Essig, Honig, Olivenöl, Salz und Pfeffer in einer Schüssel verrühren und Zwiebel, Tomaten, Bohnen, Kichererbsen und Oliven damit marinieren. Die Kräuterblätter waschen und trocken tupfen.

05. Den griechischen Salat auf Teller geben. Die Lammfilets schräg aufschneiden, auf dem Salat anrichten und alles mit den Kräuterblättern bestreuen.

ROASTBEEFSALAT
MIT RADIESCHEN, INGWER UND SESAM

ZUTATEN FÜR 4 PERSONEN

FÜR DEN ROASTBEEFSALAT:
+ **600 g Rinderlende**
+ **Salz • Pfeffer aus der Mühle**
+ **4 TL Rapsöl • 4 EL helle Sesamsamen**
+ **320 g Staudensellerie • 320 g Salatgurke**
+ **200 g Tomaten • 120 g Sojabohnen**
+ **120 g Sprossen**

FÜR DAS DRESSING:
+ **2 rote Chilischoten • Saft von 2 Zitronen**
+ **4 TL Sesamöl • 4 EL Sojasauce**
+ **2 TL geriebener Ingwer • Blutampferblätter**

NÄHRWERTE PRO PORTION
Eiweiß: 43 g • Fett: 20 g
Kohlenhydrate: 13 g • Brennwert: 407 kcal

ZUBEREITUNG

01. Für den Roastbeefsalat den Backofen auf 100 °C vorheizen. Ein Ofengitter auf die mittlere Schiene und darunter ein Abtropfblech schieben. Das Fleisch mit Salz und Pfeffer würzen. Öl in einer Pfanne erhitzen und das Fleisch darin auf jeder Seite 1 Minute anbraten. Aus der Pfanne nehmen, auf dem Gitter im Ofen 20 bis 25 Minuten rosa garen.

02. Sesam in einer Pfanne ohne Fett goldbraun rösten. Sellerie putzen und waschen, die Gurke schälen. Sellerie und Gurke in feine Scheiben schneiden. Tomaten waschen und halbieren, dabei die Stielansätze entfernen. Tomatenhälften klein schneiden. Sojabohnen kurz in kochendem Salzwasser blanchieren, in ein Sieb abgießen und kalt abschrecken. Sprossen waschen und trocken tupfen.

03. Für das Dressing die Chilischote längs halbieren, entkernen, waschen und in feine Würfel schneiden. Mit Zitronensaft, Sesamöl, Sojasauce und Ingwer verrühren. Sesam, Sellerie, Gurke, Tomate, Sojabohnen und Sprossen mit dem Dressing mischen. Koriander waschen und trocken tupfen. Das Fleisch aus dem Ofen nehmen, in dünne Scheiben schneiden und auf dem Salat anrichten. Den Roastbeefsalat mit Blutampfer bestreuen.

JAKOBSMUSCHELSALAT
MIT GRÜNEM SPARGEL

ZUBEREITUNG

01. Die Jakobsmuscheln unter fließendem kaltem Wasser mit einer Bürste gründlich säubern. Die Muscheln mit der gewölbten Seite nach unten auf ein Küchtentuch legen und damit in die Hand nehmen. Mit einem kurzen, kräftigen Messer am Schalenrand entlangfahren, dabei den Schließmuskel durchtrennen. Den Deckel abheben, das Fleisch mit dem Messer von der Schale lösen und herausheben. Das weiße Muskelfleisch und den orangefarbenen Rogen (Corail) von den grauen Rändern befreien. Das Fleisch und den Rogen gründlich waschen und trocken tupfen.

02. Den Spargel putzen und waschen. In kochendem Salzwasser 2 bis 3 Minuten blanchieren. In ein Sieb abgießen, kalt abschrecken und gut abtropfen lassen.

03. Den Schnittlauch waschen, trocken schütteln und in feine Röllchen schneiden. Die Butter in einer Pfanne erhitzen und die Jakobsmuscheln (einschließlich des Rogens) darin rundum goldbraun anbraten. Den Spargel dazugeben und kurz mitdünsten.

04. Die Jakobsmuscheln und den Spargel mit Salz und Pfeffer würzen. Den Schnittlauch untermischen. Den Salat lauwarm auf Tellern anrichten und servieren.

TIPP — *Der Rogen ist Geschmackssache, man kann ihn nach Belieben mitverwenden oder weglassen. Während der Fangzeit zwischen November und März gilt er jedoch als besondere Delikatesse.*

ZUTATEN
FÜR 4 PERSONEN

+ **12 Jakobsmuscheln (frisch in der Schale oder ausgelöst mit Corail)**
+ **600 g Thaispargel**
+ **Salz**
+ **½ Bund Schnittlauch**
+ **4 EL Butter**
+ **Pfeffer aus der Mühle**

NÄHRWERTE PRO PORTION
Eiweiß: 12 g • Fett: 9 g
Kohlenhydrate: 4 g
Brennwert: 144 kcal

TOMATENSUPPE
MIT PISTAZIEN

ZUBEREITUNG

01. Die Zwiebel und den Knoblauch schälen und in feine Würfel schneiden. Das Mehl in einem Topf ohne Fett anrösten, bis es zu duften beginnt. Die Butter dazugeben und mit dem Schneebesen gut unterrühren. Die Zwiebel und den Knoblauch hinzufügen und alles unter Rühren andünsten. Dann die Tomaten samt Saft dazugeben, die Brühe hinzufügen und alles 15 bis 20 Minuten einköcheln lassen.

02. Die Pistazien hacken. Die Suppe mit Salz, Pfeffer und Chili würzen. Die Tomatensuppe auf tiefe Teller verteilen und jeweils 1 EL Schmand in die Mitte geben. Mit dem Basilikum und den Pistazien bestreut servieren.

TIPP — *Teff ist eine Hirseart und wird auch Zwerghirse genannt. Aufgrund ihrer geringen Größe gibt es keine Schälverfahren für die Körner, sodass in Erzeugnissen aus Teff alle Keim- und Schalenbestandteile enthalten bleiben und sie dadurch besonders ballaststoffreich sind.*

ZUTATEN
FÜR 4 PERSONEN

+ 1 Zwiebel
+ 1 Knoblauchzehe
+ 40 g Hirse- oder Teffmehl
+ 40 g Butter
+ 400 g stückige Tomaten (aus der Dose)
+ ½ l Gemüsebrühe
+ 40 g Pistazien
+ Salz • Pfeffer aus der Mühle
+ 1 Msp. Chilipulver
+ 4 EL Schmand oder Crème fraîche
+ 1 Handvoll Basilikumblätter

NÄHRWERTE PRO PORTION
Eiweiß: 4 g • Fett: 20 g
Kohlenhydrate: 12 g
Brennwert: ca. 256 kcal

KÜRBISSUPPE
MIT SCHARFEN MARONEN

ZUBEREITUNG

01. Für die Maronen die Maronen in ein Sieb abgießen, abtropfen lassen und in kleine Würfel schneiden. Die Chilischote längs halbieren, entkernen, waschen und in feine Streifen schneiden.

02. Maronen und Chilistreifen in einer Schüssel mischen, das Öl und die Crema di balsamico unterrühren. Mit Salz und Pfeffer würzen und mindestens 30 Minuten durchziehen lassen.

03. Für die Suppe den Kürbis putzen, waschen und vierteln. Die Kerne mit einem Löffel entfernen und das Kürbisfleisch in kleine Würfel schneiden. Die Kartoffeln schälen, waschen und ebenfalls in kleine Würfel schneiden. Zwiebel und Knoblauch schälen und in feine Würfel schneiden.

04. Das Öl in einem Topf erhitzen. Kürbis, Kartoffeln, Zwiebel und Knoblauch darin andünsten. Mit der Brühe und dem Wein ablöschen, mit Chili würzen und das Gemüse zugedeckt bei mittlerer Hitze 30 bis 40 Minuten weich garen.

05. Die Suppe mit dem Stabmixer fein pürieren und durch ein Sieb in einen zweiten Topf streichen. Die Kürbissuppe nochmals erhitzen und mit Salz, Pfeffer und Muskatnuss abschmecken. Die Sahne unterrühren.

06. Das Basilikum waschen, trocken schütteln und die Blätter abzupfen. Die Kürbissuppe in vorgewärmte Gläser oder tiefe Teller füllen. Jeweils etwa 1 EL der marinierten Maronen daraufgeben und mit dem Basilikum garnieren. Die restlichen Maronen dazu servieren.

ZUTATEN
FÜR 4 PERSONEN

FÜR DIE MARONEN:
+ 150 g Maronen (aus dem Glas)
+ 1 rote Chilischote
+ 1 EL Kürbiskernöl
+ 1 EL Crema di balsamico
+ Salz • Pfeffer aus der Mühle

FÜR DIE SUPPE:
+ 1 kleiner Hokkaidokürbis (ca. 750 g)
+ 150 g mehligkochende Kartoffeln
+ 1 Zwiebel
+ 3 Knoblauchzehen
+ 4 EL Öl • ½ l Gemüsebrühe
+ 100 ml trockener Weißwein
+ Chilipulver
+ Salz • Pfeffer aus der Mühle
+ frisch geriebene Muskatnuss
+ 250 g Sahne
+ 2 Stiele Basilikum

NÄHRWERTE PRO PORTION
Eiweiß: 6 g • Fett: 37 g
Kohlenhydrate: 30 g
Brennwert: 492 kcal

KALTE AVOCADOCREMESUPPE
MIT GARNELENSPIESS

ZUBEREITUNG

01. Die Garnelen bis auf das Schwanzstück schälen, am Rücken entlang einschneiden und den dunklen Darm entfernen. Die Garnelen waschen und trocken tupfen.

02. Die Tomaten überbrühen, häuten, vierteln, entkernen und in kleine Würfel schneiden. Die Gurke schälen, längs halbieren, entkernen und ebenfalls in kleine Würfel schneiden. Die Avocados halbieren und den Stein entfernen. Die Avocadohälften schälen und grob zerkleinern. Den Knoblauch schälen und grob hacken.

03. Die Avocados mit dem Knoblauch, der Brühe, der Kokosmilch und dem Limettensaft im Küchenmixer pürieren. Die kalte Avocadosuppe mit Salz, Pfeffer und Cayennepfeffer pikant abschmecken.

04. Die Garnelen jeweils auf einen Holzspieß stecken und mit Salz und Pfeffer würzen. Das Olivenöl in einer Pfanne erhitzen und die Garnelenspieße darin rundum etwa 2 Minuten braten.

05. Die Avocadosuppe in tiefen Tellern oder Schälchen anrichten und die Tomaten- und Gurkenwürfel darüberstreuen. Mit den Garnelenspießen und Korianderblättern garnieren.

———

TIPP — *Statt der Garnelenspieße können Sie auch Hähnchenspieße dazu servieren. Dafür 1 Hähnchenbrustfilet längs in 4 Streifen schneiden, diese auf Spieße stecken, mit Salz und Pfeffer würzen und im Öl rundum braten.*

ZUTATEN
FÜR 4 PERSONEN

+ **4 Riesengarnelen**
+ **2 Tomaten**
+ **½ Salatgurke**
+ **2 Avocados**
+ **1 Knoblauchzehe**
+ **600 ml kalte Hühnerbrühe**
+ **200 ml Kokosmilch**
+ **Saft von 2 Limetten**
+ **Salz • Pfeffer aus der Mühle**
+ **Cayennepfeffer**
+ **1 EL Olivenöl**
+ **Korianderblätter für die Deko**

NÄHRWERTE PRO PORTION
Eiweiß: 18 g • Fett: 34 g
Kohlenhydrate: 8 g
Brennwert: 413 kcal

LINSENBRATLINGE
MIT QUARKDIP

ZUBEREITUNG

01. Für die Bratlinge die Linsen in einem Sieb waschen, abtropfen lassen. Mit ¼ l Wasser, Thymian und Lorbeerblatt in einem Topf zugedeckt bei schwacher Hitze 40 Minuten weich kochen.

02. Inzwischen für den Dip die Frühlingszwiebeln putzen, waschen und in dünne Ringe schneiden. Mit Quark und Öl mischen, mit Salz und Pfeffer würzen.

03. Für die Bratlinge Zwiebel und Knoblauch schälen und in feine Würfel schneiden. Die Chilischote längs halbieren und entkernen, waschen und in feine Würfel schneiden. Die Möhren putzen, schälen und raspeln. Die Petersilie waschen und trocken schütteln, die Blätter abzupfen und hacken.

04. 1 EL Öl in einer Pfanne erhitzen und Zwiebeln, Knoblauch und Chili darin etwa 5 Minuten andünsten, dann vom Herd nehmen. Die Linsen bei Bedarf abgießen, das Lorbeerblatt entfernen. Linsen, Möhren, Petersilie, Zwiebel-Knoblauch-Mischung, Sesam, Eigelb, Mehl und Semmelbrösel verkneten. Mit Salz, Koriander, Kreuzkümmel, Muskatnuss und Cayennepfeffer würzen.

05. Aus der Masse mit angefeuchteten Händen 8 Bratlinge formen. Jeweils etwas Öl in einer beschichteten Pfanne erhitzen und die Bratlinge darin portionsweise bei mittlerer Hitze auf beiden Seiten je 3 bis 4 Minuten knusprig braten. Herausnehmen und mit dem Dip servieren.

ZUTATEN FÜR 4 PERSONEN

FÜR DIE BRATLINGE:
+ 100 g getrocknete Linsen
+ ½ TL getrockneter Thymian
+ ½ Lorbeerblatt
+ 1 kleine Zwiebel
+ 1 Knoblauchzehe
+ ½ rote Chilischote
+ 100 g Möhren
+ ½ Bund Petersilie
+ ca. 3 EL Rapsöl
+ 2 EL helle Sesamsamen
+ 1 Eigelb
+ 10 g Dinkelmehl (Type 630)
+ 15 g Semmelbrösel
+ Salz • gemahlener Koriander und Kreuzkümmel
+ frisch geriebene Muskatnuss
+ Cayennepfeffer

FÜR DEN DIP:
+ 30 g Frühlingszwiebeln
+ 250 g Speisequark
+ 1 TL Leinnöl
+ Salz • Pfeffer aus der Mühle

NÄHRWERTE PRO PORTION
Eiweiß: 17 g • Fett: 23 g
Kohlenhydrate: 24 g
Brennwert: 375 kcal

SESAM-KICHERERBSEN-BÄLLCHEN
MIT MINZE-LIMETTEN-DIP

ZUBEREITUNG

01. Für den Dip Joghurt, Limettensaft, Koriander und Minze in einer kleinen Schüssel verrühren und mit Salz und Pfeffer abschmecken.

02. Für die Bällchen die Kichererbsen in ein Sieb abgießen, abbrausen und gut abtropfen lassen. Die Chilischote längs halbieren, entkernen, waschen und in feine Würfel schneiden. Den Knoblauch und die Zwiebeln schälen und in feine Würfel schneiden.

03. Kichererbsen, Chili, Knoblauch, Zwiebel, Kreuzkümmel, Koriander und Limettensaft in einen hohen Rührbecher geben und mit dem Stabmixer fein pürieren. Die gehackten Kräuter unterrühren und die Masse mit Salz und Pfeffer würzen. Sie sollte sich gut formen lassen. Falls sie zu klebrig und zu weich ist, etwas Mehl dazugeben, damit die Bällchen beim Frittieren nicht auseinanderfallen.

04. Das Öl in einem kleinen Topf auf etwa 180 °C erhitzen (das Öl ist heiß genug, wenn an einem hineingehaltenen Holzkochlöffelstiel Bläschen aufsteigen). Zur Probe von der Kichererbsenmasse eine kleine Menge abnehmen, zu einem Bällchen formen und im Öl goldbraun frittieren. Sollte das Bällchen auseinanderfallen, etwas mehr Mehl unter die Kichererbsenmasse mischen.

05. Die Masse zu Rollen von etwa 1½ cm Durchmesser formen und davon etwa 2 cm breite Stücke abschneiden. Die Stücke nacheinander in den Sesamsamen wälzen und zu kleinen ovalen Kugeln formen. Die Teigkugeln nacheinander im heißen Öl 3 bis 4 Minuten goldbraun frittieren. Mit dem Schaumlöffel herausheben und auf Küchenpapier abtropfen lassen. Mit dem Minze-Limetten-Dip anrichten.

ZUTATEN FÜR 4 PERSONEN

FÜR DEN DIP:
+ **500 g Naturjoghurt**
+ **2 EL Limettensaft**
+ **je 2 EL gehackter Koriander und gehackte Minze**
+ **Salz • Pfeffer aus der Mühle**

FÜR DIE BÄLLCHEN:
+ **480 g Kichererbsen (aus der Dose)**
+ **1 rote Chilischote**
+ **2 Knoblauchzehen**
+ **2 Zwiebeln • 1 TL gemahlener Kreuzkümmel**
+ **1 TL gemahlener Koriander**
+ **einige Spritzer Limettensaft**
+ **6 EL gehackte Petersilie**
+ **6 EL gehackter Koriander**
+ **2 EL gehackte Minze**
+ **Salz • Pfeffer aus der Mühle**
+ **4 EL Dinkelvollkornmehl**
+ **400 ml Rapsöl zum Frittieren**
+ **50 g helle Sesamsamen**

NÄHRWERTE PRO PORTION
Eiweiß: 19 g • Fett: 45 g
Kohlenhydrate: 34 g
Brennwert: ca. 648 kcal

EI IM NUSSMANTEL
MIT LAMMFILET UND KICHERERBSEN

ZUTATEN FÜR 4 PERSON

+ 40 g Mandeln • 40 g Haselnüsse
+ 20 g helle Sesamsamen
+ je 1 TL Koriander- und Kreuzkümmelsamen
+ 200 g roter Eichblattsalat (oder anderer Blattsalat) • 150 g Löwenzahnsalat
+ 100 g Rucola • 100 g grüne Bohnen
+ Salz • 5 EL Aceto balsamico
+ 5 EL lauwarme Gemüsebrühe
+ 1–2 TL scharfer Senf • 1–2 TL Agavendicksaft
+ 2 EL Kürbiskernöl • 5 EL Olivenöl
+ Pfeffer aus der Mühle • 4 Eier
+ 8 Scheiben Frühstücksspeck

NÄHRWERTE PRO PORTION
Eiweiß: 19 g • Fett: 46 g
Kohlenhydrate: 9 g • Brennwert: ca. 542 kcal

ZUBEREITUNG

01. Den Backofen auf 180 °C vorheizen. Mandeln, Haselnüsse, Sesam, Koriander, Kreuzkümmel auf ein Backblech geben. Im Ofen auf der mittleren Schiene etwa 10 Minuten rösten. Abkühlen lassen, im Küchenmixer mahlen.

02. Eichblattsalat putzen, waschen, trocken schleudern und klein schneiden. Löwenzahnsalat und Rucola verlesen, waschen und trocken schleudern. Bohnen putzen, waschen und schräg in 1 cm lange Stücke schneiden. In einem Topf in Salzwasser fast weich blanchieren. In ein Sieb abgießen, kalt abschrecken und abtropfen lassen.

03. Für das Dressing Essig, Gemüsebrühe, Senf, Agavendicksaft, Kürbiskernöl und 2 EL Olivenöl verrühren, mit Salz und Pfeffer würzen. Die Eier in einem Topf in kochendem Wasser 5 Minuten weich garen. Herausnehmen und kalt abschrecken. Den Speck in einer Pfanne im restlichen Olivenöl knusprig braten.

04. Salat und Bohnen in einer Schüssel mischen und auf Tellern anrichten. Den Speck daraufgeben. Eier vorsichtig pellen, mit etwas Olivenöl einreiben, in den Nüssen wälzen. Halbieren und auf dem Salat anrichten, das Dressing über den Salat geben. Die restliche Nussmischung darüberstreuen.

GEBACKENE EIER
MIT BACON

ZUTATEN FÜR 4 STÜCK

+ **8 Scheiben Bacon (Frühstücksspeck)**
+ **4 Eier (Größe L)**
+ **Fleur de Sel**
+ **Pfeffer aus der Mühle**
+ **frische Kräuter zum Garnieren**
  (z. B. Kresse, Schnittlauch)

NÄHRWERTE PRO PORTION
Eiweiß: 9 g • Fett: 8 g
Kohlenhydrate: 1 g • Brennwert: 110 kcal

ZUBEREITUNG

01. Den Backofen auf 200 °C vorheizen. Die Vertiefungen eines Muffinbackblechs mit Papierförmchen auslegen.

02. Die Förmchen mit je 2 Scheiben Bacon auslegen. Die Eier aufschlagen und vorsichtig hineingleiten lassen, sodass die Eigelbe ganz bleiben.

03. Die Eier im Ofen auf der mittleren Schiene etwa 15 Minuten backen, bis sie gestockt sind. Aus den Vertiefungen heben und mit Fleur de Sel und Pfeffer würzen. Die gebackenen Eier mit frischen Kräutern garniert servieren.

TORTILLA
MIT GEMÜSE

ZUBEREITUNG

01. Den Backofen auf 200 °C vorheizen. Eine Auflaufform einfetten. Die Paprika längs halbieren, entkernen, waschen und in mundgerechte Stücke schneiden. Die Zucchini putzen, waschen und ebenfalls in mundgerechte Stücke schneiden. Die Tomaten waschen. Die Zwiebeln schälen und in grobe Würfel schneiden. Den Rosmarin waschen, trocken schütteln und die Nadeln abstreifen.

02. Das Olivenöl in einer Pfanne erhitzen, die Paprika, die Zucchini und die Zwiebeln darin unter gelegentlichem Schwenken etwa 10 Minuten anbraten. Die Tomaten und den Rosmarin hinzufügen, mit Salz und Pfeffer würzen.

03. Die Eier verquirlen, mit Salz und Pfeffer würzen. Das Gemüse in der Form verteilen und mit den Eiern übergießen. Im Ofen auf der mittleren Schiene etwa 25 Minuten garen, bis die Eier komplett gestockt sind und die Oberfläche der Tortilla goldbraun gebacken ist.

04. Die Gemüse-Tortilla auf Teller verteilen, mit Rosmarin garnieren und sofort servieren.

ZUTATEN FÜR 4 PERSONEN

+ **Butter für die Form**
+ **2 rote Paprikaschoten**
+ **2 Zucchini**
+ **400 g Cocktailtomaten**
+ **2 rote Zwiebeln**
+ **2 Zweige Rosmarin**
+ **4 EL Olivenöl**
+ **Salz • Pfeffer aus der Mühle**
+ **8 Eier**
+ **Rosmarin zum Garnieren**

NÄHRWERTE PRO PORTION
Eiweiß: 18 g • Fett: 23 g
Kohlenhydrate: 11 g
Brennwert: 324 kcal

FLAMMKUCHEN
MIT BLUMENKOHLBODEN

ZUBEREITUNG

01. Den Backofen auf 180 °C vorheizen. Den Blumenkohl putzen, waschen, in Röschen teilen und im Mixer oder mit der Küchenmaschine fein zerkleinern.

02. Die Eier mit dem Käse und den Flohsamenschalen verrühren. Mit Salz und Pfeffer würzen und etwa 10 Minuten quellen lassen.

03. Die Eiermasse mit dem Blumenkohl mischen und den Teig auf einem mit Backpapier belegten Backblech zu einem dünnen Fladen verstreichen. Den Blumenkohlboden im Ofen auf der mittleren Schiene etwa 35 Minuten goldbraun backen.

04. Den Speck in Streifen schneiden und in einer heißen Pfanne goldbraun braten. Die Zwiebel schälen und in feine Ringe schneiden.

05. Den Blumenkohlboden aus dem Ofen nehmen und mit dem Schmand bestreichen. Den Speck und die Zwiebeln darauf verteilen, mit Salz und Pfeffer würzen und den Flammkuchen sofort servieren.

ZUTATEN
FÜR 1 FLAMMKUCHEN BZW.
FÜR 4 PERSONEN

+ **400 g Blumenkohl**
+ **3 Eier**
+ **150 g geriebener Emmentaler**
+ **75 g geriebener Parmesan**
+ **2—3 TL gemahlene Flohsamenschalen**
+ **Salz • Pfeffer aus der Mühle**
+ **100 g durchwachsener Räucherspeck in dünnen Scheiben**
+ **1 rote Zwiebel**
+ **150 g Schmand**

NÄHRWERTE PRO PORTION
Eiweiß: 29 g • Fett: 36 g
Kohlenhydrate: 5 g
Brennwert: 465 kcal

———

TIPP — *Der französische Klassiker bringt in seiner kohlenhydratreduzierten Version reichlich sekundäre Pflanzenstoffe, Vitamin C und Zink mit, die das Immunsystem auf Trab bringen.*

BLUMENKOHL-PIZZA
MIT GRÜNEN BOHNEN

ZUBEREITUNG

01. Den Blumenkohl putzen, waschen und den harten Strunk entfernen. Den Stiel schälen, den Blumenkohl in Röschen zerteilen. Stiel und Röschen im Blitzhacker fein hacken, sodass eine grießähnliche Masse entsteht. In kochendem Salzwasser etwa 1 Minute blanchieren, in ein Sieb abgießen, kalt abschrecken und abtropfen lassen.

02. Den Backofen auf 200 °C vorheizen. Ein Backblech mit Backpapier auslegen. Den Knoblauch schälen und in kleine Würfel schneiden. Den Blumenkohl, 300 g Käse, Eier, Knoblauch, Kräuter, 1 TL Salz und Pfeffer mischen. Die Masse auf dem Blech zu einem Rechteck formen. Im Ofen auf der mittleren Schiene 15 bis 20 Minuten goldbraun vorbacken.

03. Die passierten Tomaten mit Salz und Pfeffer würzen. Den Schinken vom Fettrand befreien und grob zerzupfen. Die Bohnen putzen, waschen und in kochendem Salzwasser 2 Minuten blanchieren, abgießen und kalt abschrecken. Die Paprikahälfte entkernen und waschen, halbieren und in dünne Streifen schneiden. Die Tomaten waschen und halbieren. Den Spinat verlesen, waschen und abtropfen lassen, grobe Stiele entfernen.

04. Die Pizza aus dem Ofen nehmen und das Tomatenpüree auf dem Boden verstreichen, dann mit Schinken und Gemüse belegen und mit übrigem Käse bestreuen. Die Pizza im Ofen noch etwa 10 Minuten backen. Die Blumenkohl-Pizza aus dem Ofen nehmen und vor dem Servieren kurz abkühlen lassen.

ZUTATEN
FÜR 4 PERSONEN

+ **800 g Blumenkohl**
+ **Salz**
+ **2 Knoblauchzehen**
+ **400 g geriebener mittelalter Gouda (30 % Fett i. Tr.)**
+ **4 Eier**
+ **2 TL getrocknete italienische Kräuter**
+ **Pfeffer aus der Mühle**
+ **400 g passierte Tomaten (aus der Dose)**
+ **160 g Kochschinkenaufschnitt (in dünnen Scheiben)**
+ **160 g grüne Bohnen**
+ **½ rote Paprikaschote**
+ **100 g Cocktailtomaten**
+ **2 Handvoll Blattspinat**

NÄHRWERTE PRO PORTION
Eiweiß: 51 g • Fett: 23 g
Kohlenhydrate: 12 g
Brennwert: 480 kcal

03

FISCH & FLEISCH

GEBEIZTER LACHS
MIT ROTER BETE UND MEERRETTICHSAUCE

ZUBEREITUNG

01. Für die Beize 2 Tage im Voraus die Petersilie waschen, trocken schütteln, die Blätter abzupfen und grob hacken. Die Roten Beten schälen und auf der Küchenreibe raspeln. Dabei am besten Einweghandschuhe tragen, da die Knollen stark abfärben. Die Petersilie mit den Roten Beten, Pfeffer, Meersalz und Zucker in eine Schüssel geben, gut mischen.

02. Das Lachsfilet waschen und trocken tupfen. Mit der Hautseite nach unten in eine flache Schale legen und mit der Beize gleichmäßig bedecken. Mit Frischhaltefolie bedecken und zum Beschweren ein Küchenbrett darauflegen. Den Lachs im Kühlschrank mindestens 36 Stunden durchziehen lassen, dabei nach der Hälfte der Zeit wenden.

03. Am Serviertag den Lachs waschen, trocken tupfen und mit einem scharfen Messer in hauchdünnen Scheiben von der Haut schneiden. Für die Meerrettichsauce Crème fraîche mit Milch und Meerrettich verrühren. Mit Salz und Pfeffer würzen. Rote Beten in 1 cm große Würfel schneiden. Die Brunnenkresse verlesen, waschen und trocken schleudern.

04. Die Lachsscheiben auf Teller verteilen. Mit Meerrettichsauce und Olivenöl beträufeln, mit Fleur de Sel und Pfeffer würzen. Rote-Bete-Würfel und Brunnenkresse darüberstreuen.

ZUTATEN
FÜR 4 PERSONEN

FÜR DEN LACHS:
+ 1 Bund Petersilie
+ 200 g Rote Beten
+ 1 EL schwarze Pfefferkörner (grob gemahlen)
+ 400 g grobes Meersalz
+ 200 g Zucker
+ 800 g Lachsfilet (am Stück; mit Haut)

FÜR DIE MEERRETTICHSAUCE:
+ 200 g Crème fraîche
+ 4 EL Milch
+ 1–2 EL frisch geriebener Meerrettich
+ Salz • Pfeffer aus der Mühle

AUSSERDEM:
+ 200 g Rote Beten (vorgegart und vakuumiert)
+ 1 Bund Brunnenkresse (ersatzweise Gartenkresse)
+ 2 EL Olivenöl • Fleur de Sel

NÄHRWERTE PRO PORTION
Eiweiß: 46 g • Fett: 30 g
Kohlenhydrate: 7 g
Brennwert: 488 kcal

HERINGSSALAT
AUF DREIERLEI ART

ZUBEREITUNG

01. Für den Sahnehering die Heringsfilets waschen, trocken tupfen und quer in fingerbreite Streifen schneiden. Die Radieschen putzen, waschen und in kleine Würfel schneiden. Den Apfel waschen, vierteln und das Kerngehäuse entfernen. Die Apfelviertel in feine Scheiben schneiden. Die Zwiebel schälen und in feine Würfel schneiden. Die Gurken ebenfalls in feine Würfel schneiden.

02. Saure Sahne mit dem Joghurt und dem Essig verrühren. Heringsstreifen, Radieschen, Apfel, Zwiebel, Gurken und Schnittlauch untermischen. Den Salat mit Salz und Pfeffer würzen, 1 Stunde im Kühlschrank ziehen lassen.

03. Für den Tomatenhering die Heringsfilets waschen, trocken tupfen und quer in fingerbreite Streifen schneiden. Möhre putzen, schälen und in sehr kleine Würfel schneiden. Paprika längs halbieren, entkernen, waschen und in grobe Würfel schneiden. Petersilie waschen und trocken schütteln, die Blätter abzupfen und fein hacken. Heringsstreifen, Möhre, Paprika und Petersilie mit den Tomaten mischen und mit Cognac, Tabasco und Salz abschmecken.

04. Für die sauren Heringsfilets die Heringsfilets waschen, trocken tupfen und quer in fingerbreite Stücke schneiden. Den Sellerie putzen, waschen und in kleine Würfel schneiden. Das Selleriegrün grob hacken. Die Paprika längs halbieren, entkernen, waschen und in feine Streifen schneiden.

05. Die Zitrone waschen, trocken reiben und halbieren. Eine Hälfte auspressen, die andere Hälfte in Scheiben schneiden. Den Zitronensaft mit den Heringsstreifen, dem Sellerie, dem Selleriegrün, der Paprika und dem Öl mischen. Mit Honig, Salz und Pfeffer abschmecken. Die sauren Heringsfilets mit den Zitronenscheiben garnieren.

ZUTATEN
FÜR 12 PERSONEN

FÜR SAHNEHERING:
+ 8 Heringsfilets
+ 1 Bund Radieschen
+ 1 säuerlicher Apfel • 1 Zwiebel
+ 2 kleine Essiggurken
+ 200 g saure Sahne
+ 250 g Naturjoghurt
+ 2–3 EL Weißweinessig
+ 2 EL Schnittlauchröllchen
+ Salz • Pfeffer aus der Mühle

FÜR TOMATENHERING:
+ 8 Heringsfilets • 1 Möhre
+ 1 gelbe Paprikaschote
+ ½ Bund Petersilie
+ 400 g stückige Tomaten (aus der Dose)
+ 1 TL Cognac • Tabasco • Salz

FÜR SAURE HERINGSFILETS:
+ 8 Heringsfilets • 200 g Staudensellerie (mit Grün)
+ 1 rote Paprikaschote
+ 1 Bio-Zitrone
+ 2 EL Öl • 1 TL flüssiger Honig
+ Salz • Pfeffer aus der Mühle

NÄHRWERTE PRO PORTION
Eiweiß: 29 g • Fett: 33 g
Kohlenhydrate: 7 g
Brennwert: 445 kcal

THUNFISCH-SALATWRAPS
MIT WASABICREME

ZUBEREITUNG

01. Den Thunfisch waschen, trocken tupfen und in feine Würfel schneiden. Mit der Sojasauce in einer Schüssel mischen.

02. Den Frischkäse, die Wasabipaste und den Ingwer in einer weiteren Schüssel verrühren. Die Gurke waschen, längs halbieren, entkernen und in schmale Stifte schneiden.

03. Die Salatblätter waschen, trocken tupfen und mit einem Pfannenboden etwas flach klopfen. Erst mit der Wasabicreme bestreichen, dann jeweils etwas Thunfisch darauf verteilen und einige Gurkenstifte daraufgeben. Die Enden einschlagen und aufrollen. Die Salatwraps schräg halbieren und sofort genießen oder bis zum Verzehr kühl stellen.

───────

TIPP — *Statt frischem Thunfisch eignet sich für dieses Rezept natürlich auch Thunfisch aus der Dose. Greifen Sie hierbei möglichst zu Fisch im eigenen Saft.*

ZUTATEN
FÜR 4 PERSONEN

+ **400 g frisches Thunfischfilet (ohne Haut)**
+ **4 TL Sojasauce**
+ **160 g Frischkäse (0,2 % Fett)**
+ **4 Msp. Wasabipaste**
+ **4 Msp. geriebener Ingwer**
+ **200 g Salatgurke**
+ **16 Kopfsalatblätter**

NÄHRWERTE PRO PORTION
Eiweiß: 26 g • Fett: 10 g
Kohlenhydrate: 2 g
Brennwert: ca. 220 kcal

SEETEUFEL
IM PANCETTAMANTEL

ZUTATEN FÜR 4 PERSONEN

+ **800 g Seeteufelfilet (ohne Haut)**
+ **Pfeffer aus der Mühle**
+ **12–16 Scheiben Pancetta**
+ **2 Bund Rucola**
+ **1 kleine Knoblauchzehe**
+ **1 Stiel Petersilie**
+ **4 EL Olivenöl**
+ **2 EL Zitronensaft**
+ **Salz • Honig**
+ **2 EL Kapern**

NÄHRWERTE PRO PORTION
**Eiweiß: 34 g • Fett: 17 g
Kohlenhydrate: 2 g • Brennwert: 300 kcal**

ZUBEREITUNG

01. Das Seeteufelfilet waschen, trocken tupfen und in 4 gleich große Stücke teilen. Mit Pfeffer würzen und mit je 3 bis 4 Scheiben Pancetta umwickeln. In einer Pfanne ohne Fett oder auf dem Grill bei mittlerer Hitze rundum 10 bis 15 Minuten braten.

02. Den Rucola verlesen, waschen und trocken schleudern. Grobe Stiele entfernen. Den Knoblauch schälen und in feine Würfel schneiden. Die Petersilie waschen und trocken tupfen, die Blätter abzupfen und fein hacken.

03. Das Olivenöl mit dem Zitronensaft verrühren, den Knoblauch und die Petersilie unterrühren, mit Salz und Pfeffer würzen und mit etwas Honig abschmecken.

04. Den Rucola auf Teller verteilen und mit dem Dressing beträufeln. Je 1 Seeteufelfilet darauf anrichten und die Kapern über Salat und Fisch streuen.

GEDÄMPFTES LACHSFILET
MIT BALSAMICO-TOMATEN

ZUTATEN FÜR 4 PERSONEN

+ **2 Lachsfilets (à ca. 150 g)**
+ **Salz • Pfeffer aus der Mühle**
+ **4 Scheiben Bio-Zitrone**
+ **2 Stiele Estragon**
+ **300 g bunte Cocktailtomaten**
+ **1 kleiner Zweig Rosmarin**
+ **2 Stiele Thymian • 80 g Rucola**
+ **1 kleine Zwiebel • 1 Knoblauchzehe**
+ **1½ EL Olivenöl • 1 EL Aceto balsamico**

NÄHRWERTE PRO PORTION
Eiweiß: 33 g • Fett: 27 g
Kohlenhydrate: 7 g • Brennwert: 410 kcal

ZUBEREITUNG

01. Die Lachsfilets waschen, trocken tupfen und mit Salz und Pfeffer würzen. Die Zitronenscheiben in einen Dämpfeinsatz legen und die Lachsstücke daraufsetzen. Den Estragon waschen und trocken tupfen, die Blätter abzupfen, fein hacken und über den Lachs streuen.

02. Einen passenden Topf 2 bis 3 cm hoch mit Salzwasser füllen, den Dämpfeinsatz daraufsetzen und mit dem passenden Deckel verschließen. Das Wasser aufkochen und, sobald Dampf aufsteigt, den Lachs bei mittlerer Hitze 8 bis 10 Minuten dämpfen.

03. Inzwischen Tomaten waschen und halbieren. Rosmarin und Thymian waschen und trocken tupfen. Rucola verlesen, waschen und trocken schütteln, dabei grobe Stiele entfernen, die Blätter grob hacken. Zwiebel und Knoblauch schälen, in feine Würfel schneiden.

04. Olivenöl in einer Pfanne erhitzen und Zwiebel und Knoblauch darin andünsten. Tomaten, Rosmarin, Thymian und Essig dazugeben und alles zugedeckt etwa 3 Minuten dünsten. Thymian und Rosmarin wieder entfernen, den Rucola unterheben. Mit Salz und Pfeffer würzen. Das Tomatengemüse mit dem gedämpften Lachs servieren.

KABELJAU AUF BLATTSPINAT
IM WOK GEDÄMPFT

ZUBEREITUNG

01. Den Spinat verlesen, waschen und trocken schleudern, grobe Stiele entfernen. Den Spinat auf einem Teller verteilen. Die Möhre putzen, schälen und mit dem Gemüseschäler in feine Streifen schneiden.

02. Das Kabeljaufilet waschen und trocken tupfen, mit Zitronensaft beträufeln und mit Salz und Pfeffer würzen. Auf den Spinat legen und den Fisch mit Möhrenstreifen, Ingwer und Zitronenschale belegen.

03. Ein Souffléförmchen oder eine Kaffeetasse umgedreht in den Wok (oder einen großen Topf) stellen. Den Wok etwa 4 cm hoch mit Wasser füllen und das Wasser zum Kochen bringen. Den Teller mit dem Fischfilet auf die Form bzw. Tasse stellen, den Wok zudecken und den Fisch und das Gemüse 10 bis 12 Minuten dämpfen.

04. Die Frühlingszwiebel putzen, waschen und in feine Ringe schneiden. Den gedämpften Fisch damit bestreuen.

ZUTATEN
FÜR 1 PERSON

+ **100 g Blattspinat**
+ **1 kleine Möhre**
+ **200 g Kabeljaufilet (ohne Haut)**
+ **1–2 Spritzer Zitronensaft**
+ **Salz • Pfeffer**
+ **5 g gehackter Ingwer**
+ **½ TL abgeriebene Schale von 1 Bio-Zitrone**
+ **1 Frühlingszwiebel**

NÄHRWERTE PRO PORTION
**Eiweiß: 44 g • Fett: 2 g
Kohlenhydrate: 7 g
Brennwert: 249 kcal**

DORADE
MIT GEMÜSESALAT

ZUBEREITUNG

01. Für den Salat den Backofen auf 180 °C vorheizen. Den Blumenkohl putzen, waschen und in kleine Röschen teilen. Die Paprikaschoten längs halbieren, entkernen, waschen und in 2 bis 3 cm breite Streifen schneiden. Die Zwiebeln schälen, halbieren und in Spalten schneiden. Den Knoblauch schälen und halbieren.

02. Den Rosmarin waschen, trocken schütteln, die Nadeln von den Zweigen streifen und fein hacken. Das Gemüse in einen Bräter geben, Rosmarin, Olivenöl und etwas Salz hinzufügen und alles gut vermischen. Im Ofen auf der mittleren Schiene etwa 35 Minuten garen, bis das Gemüse gar ist. Herausnehmen und etwas abkühlen lassen.

03. In der Zwischenzeit den Buchweizen in Salzwasser 10 bis 15 Minuten bissfest garen. In ein Sieb abgießen und abtropfen lassen. Den Zitronensaft mit Honig, Senf, Salz und Pfeffer vermischen. Das Gemüse mit Buchweizen und Dressing mischen und ziehen lassen. Falls nötig, nach einiger Zeit etwas nachwürzen.

04. Für den Fisch den Backofen auf 100 °C herunterschalten. Die Dorade innen und außen waschen und trocken tupfen. Innen und außen mit Salz und Pfeffer würzen und jeweils 2 Zitronenscheiben und 1 Thymianzweig in die Bauchhöhlen legen. Auf ein mit Backpapier ausgelegtes Backblech legen und im Ofen auf der mittleren Schiene 20 bis 25 Minuten garen.

05. Die Doraden mit dem Gemüsesalat auf Tellern anrichten, das Öl darüberträufeln und servieren.

ZUTATEN FÜR 4 PERSONEN

FÜR DEN SALAT:
+ 1 kleiner Blumenkohl (ca. 1 kg)
+ je 2 rote und gelbe Paprikaschoten
+ 2 Zwiebeln
+ 4 Knoblauchzehen
+ 2 Zweige Rosmarin
+ 6–8 EL Olivenöl
+ Salz
+ 80 g Buchweizen
+ Saft von 1 Zitrone
+ 1–2 TL Honig
+ 1–2 TL scharfer Senf
+ Pfeffer aus der Mühle

FÜR DEN FISCH:
+ 4 ganze Doraden (küchenfertig, à 400–500 g)
+ Salz • Pfeffer aus der Mühle
+ 8 Scheiben Zitrone
+ 4 Zweige Thymian
+ 2 EL Öl

NÄHRWERTE PRO PORTION
Eiweiß: 48 g • Fett: 26 g
Kohlenhydrate: 30 g
Brennwert: ca. 554 kcal

COQ AU VIN
MIT CHAMPIGNONS

ZUBEREITUNG

01. Das Hähnchen innen und außen waschen und trocken tupfen. Keulen und Brustfilets samt Flügelansatz abtrennen. Die Keulen in den Gelenken, die Brustfilets quer durchschneiden. Die Hähnchenteile mit Salz und Pfeffer würzen. Den Speck in kleine Würfel schneiden. Die Schalotten schälen und in feine Würfel schneiden. Die Pilze putzen, trocken abreiben und in dünne Scheiben schneiden.

02. Das Butterschmalz in einem Bräter erhitzen und den Speck darin anbraten. Die Schalotten und die Pilze dazugeben und einige Minuten mitbraten. Alles aus dem Bräter nehmen und beiseitestellen.

03. Die Hähnchenteile mit Mehl bestäuben. Zuerst die Keulen im verbliebenen Bratfett rundum kurz anbraten. Dann die Bruststücke dazugeben und alle Fleischstücke rundum goldbraun anbraten. Wein und Brühe dazugießen und aufkochen lassen.

04. Den Speck, die Schalotten und die Pilze wieder dazugeben. Den Knoblauch schälen, den Thymian waschen und trocken tupfen. Beides mit dem Lorbeerblatt ebenfalls in den Bräter geben und den Coq au Vin zugedeckt bei schwacher Hitze etwa 1 Stunde schmoren lassen.

05. Den Knoblauch, den Thymian und das Lorbeerblatt wieder entfernen und die Sahne angießen. Den Coq au Vin mit Salz und Pfeffer abschmecken und in tiefen Tellern anrichten.

ZUTATEN FÜR 4 PERSONEN

+ 1 Hähnchen (ca. 1,2 kg; küchenfertig)
+ Salz • Pfeffer aus der Mühle
+ 100 g durchwachsener Räucherspeck (am Stück)
+ 5 Schalotten
+ 300 g kleine Champignons
+ 2 EL Butterschmalz
+ 1 EL Mehl
+ ½ l trockener Weißwein
+ ½ l Hühnerbrühe
+ 1 Knoblauchzehe
+ 2 Zweige Thymian
+ 1 Lorbeerblatt
+ 100 g Sahne

NÄHRWERTE PRO PORTION
Eiweiß: 63 g • Fett: 46 g
Kohlenhydrate: 6 g
Brennwert: ca. 774 kcal

PUTEN-SPINAT-WRAPS
MIT FRISCHKÄSE

ZUBEREITUNG

01.   Für die Tortillas das Mehl mit Milch, Mineralwasser, Salz und Eiern in einer Schüssel glatt verrühren. Den Teig zugedeckt etwa 30 Minuten quellen lassen.

02.   Inzwischen für die Füllung Frischkäse mit Joghurt und Zitronensaft verrühren. Die Chilischote längs halbieren, entkernen, waschen und in feine Würfel schneiden. Die Chiliwürfel unter die Frischkäsecreme rühren, mit Salz und Pfeffer würzen. Die Pinienkerne in einer beschichteten Pfanne ohne Fett leicht rösten. Herausnehmen und abkühlen lassen.

03.   Die Putenbrustscheiben in feine Streifen schneiden. Den Spinat verlesen, waschen und trocken schleudern, grobe Stiele entfernen. Die Frühlingszwiebeln putzen, waschen und in dünne Ringe schneiden. Die Tomaten waschen und in dünne Scheiben schneiden.

04.   Den Teig nochmals durchrühren. Eine große beschichtete Pfanne (28 cm Ø) dünn mit Öl einstreichen und erhitzen. Ein Viertel des Teigs in die Pfanne geben und durch Drehen der Pfanne gleichmäßig darin verteilen. Die Tortilla auf beiden Seiten etwa 2 Minuten backen, herausnehmen und warm halten. Aus dem restlichen Teig auf die gleiche Weise 3 weitere Tortillas backen.

05.   Die Tortillas auf der Arbeitsfläche ausbreiten und mit der Frischkäsecreme bestreichen, dabei einen Rand frei lassen. Putenbrust, Spinat, Frühlingszwiebeln, Tomaten und Pinienkerne darauf verteilen. Tortillas so aufrollen, dass Tüten entstehen, und vorn nach Belieben mit Holzspießen fixieren. Die Spitze in Pergamentpapier oder Folie wickeln.

ZUTATEN
FÜR 4 PERSONEN

FÜR DIE TORTILLAS:
+ 100 g Dinkelvollkornmehl
+ 200 ml fettarme Milch (1,5 % Fett)
+ 200 ml Mineralwasser
+ ½ TL Salz
+ 2 Eier
+ Öl zum Braten

FÜR DIE FÜLLUNG:
+ 150 g Doppelrahmfrischkäse
+ 4 EL fettarmer Naturjoghurt (1,5 % Fett)
+ 4 TL Zitronensaft
+ 1 rote Chilischote
+ Salz • Pfeffer aus der Mühle
+ 4 TL Pinienkerne
+ 100 g Putenbrustaufschnitt (in dünnen Scheiben)
+ 100 g junger Spinat
+ 2 Frühlingszwiebeln
+ 16 Cocktailtomaten

NÄHRWERTE PRO PORTION
Eiweiß: 20 g • Fett: 20 g
Kohlenhydrate: 25 g
Brennwert: 359 kcal

PUTENRAGOUT
MIT KORIANDER UND LIMETTEN

ZUTATEN FÜR 4 PERSONEN

+ **500 g Putenbrustfilet**
+ **2 rote Chilischoten**
+ **2 Zwiebeln • 2 Knoblauchzehen**
+ **1 Stück Ingwer (ca. 3 cm) • 4 EL Öl**
+ **2 EL Fischsauce • 2 EL Austernsauce**
+ **2 EL Limettensaft • 1 TL brauner Zucker**
+ **4 Stiele Koriander**
+ **1 Bio-Limette**

NÄHRWERTE PRO PORTION
Eiweiß: 32 g • Fett: 12 g
Kohlenhydrate: 5 g • Brennwert: 260 kcal

ZUBEREITUNG

01. Das Putenbrustfilet waschen, trocken tupfen und in mundgerechte Streifen schneiden. Die Chilischoten längs halbieren, entkernen, waschen und in feine Streifen schneiden. Die Zwiebeln schälen und in dünne Spalten schneiden. Knoblauchzehen und Ingwer schälen und in sehr feine Würfel schneiden.

02. Das Öl im heißen Wok erhitzen. Chilistreifen, Zwiebeln, Ingwer und Knoblauch darin kurz anbraten.

03. Putenbruststreifen hinzufügen und bei starker Hitze etwa 3 Minuten braten. Fleisch mit Fischsauce, Austernsauce, Limettensaft und Zucker abschmecken.

04. Koriander waschen und trocken schütteln, die Blätter abzupfen. Die Limette heiß abwaschen, trocken reiben und in Spalten schneiden. Das Putenragout in Schalen anrichten, mit Korianderblättern bestreuen und mit Limettenspalten garniert servieren.

GEGRILLTE HÄHNCHENBRUST
MIT WOK-GEMÜSE

ZUTATEN FÜR 4 PERSONEN

+ **4 Hähnchenbrustfilets**
+ **1 TL 5-Gewürze-Pulver**
+ **abgeriebene Schale und Saft von 1 Bio-Limette**
+ **140 ml dunkle Sojasauce**
+ **200 g Zuckerschoten**
+ **2 Zucchini • 200 g Möhren**
+ **2 EL Öl • 1 Msp. Chilipulver**
+ **Salz • 100 ml Gemüsebrühe**
+ **100 g Sprossen (z. B. Sojabohnen, Alfalfa)**
+ **2 EL geröstete Sesamsamen**

NÄHRWERTE PRO PORTION
Eiweiß: 43 g • Fett: 9 g
Kohlenhydrate: 13 g • Brennwert: 316 kcal

ZUBEREITUNG

01. Die Hähnchenbrustfilets waschen und trocken tupfen. 5-Gewürze-Pulver, Limettensaft und -schale sowie 8 EL Sojasauce vermischen und das Fleisch darin etwa 15 Minuten marinieren.

02. Zuckerschoten und Zucchini putzen und waschen. Zucchini in Scheiben schneiden. Die Möhren schälen, in dünne Stifte schneiden.

03. Das Öl im heißen Wok erhitzen. Zuckerschoten unter Rühren darin 1 Minute anbraten. Zucchini und Möhren dazugeben und weitere 2 Minuten garen. Das Gemüse mit Chili, 4 EL Sojasauce und Salz würzen. Die Brühe dazugießen und 5 Minuten weitergaren.

04. Die Hähnchenbrustfilets in einer Grillpfanne auf jeder Seite etwa 3 Minuten braten. Die Sprossen auf einem Sieb mit heißem Wasser übergießen und abtropfen lassen. Mit den Sesamsamen zum Gemüse geben. Unter Rühren noch weitere 2 Minuten garen. Das Fleisch in Scheiben schneiden, mit der restlichen Sojasauce beträufeln. Das Gemüse auf Teller verteilen und mit dem Fleisch anrichten.

GEBRATENE ENTENBRUST
MIT SELLERIEPÜREE

ZUBEREITUNG

01. Den Backofen auf 100 °C vorheizen. Ein Ofengitter auf die mittlere Schiene und darunter ein Abtropfblech schieben. Die Entenbrustfilets waschen und trocken tupfen. Die Hautseite bzw. die Fettschicht im Abstand von ½ bis 1 cm mehrmals schräg parallel anschneiden.

02. In einer Pfanne 1 EL Öl erhitzen und die Entenbrüste darin auf der Fettseite bei mittlerer Hitze 4 bis 5 Minuten kross anbraten. Kurz wenden, aus der Pfanne nehmen, nebeneinander mit der Fettschicht nach oben auf das Ofengitter legen und im Ofen etwa 50 Minuten rosa garen.

03. Sellerie putzen, schälen und in etwa 1 cm große Würfel schneiden. Zwiebel schälen und in feine Würfel schneiden. In einem Topf 1 EL Öl erhitzen und die Zwiebel darin andünsten. Sellerie hinzufügen und kurz mitdünsten. Den Apfelsaft angießen und alles zugedeckt bei schwacher Hitze 20 bis 30 Minuten weich garen. Walnüsse in einer Pfanne ohne Fett anrösten. Sellerie mit der Garflüssigkeit und dem Schmand in eine Schüssel geben, mit dem Stabmixer cremig pürieren. Mit Salz, Pfeffer und 1 Prise Muskatnuss würzen und die Walnüsse unterrühren.

04. Äpfel waschen, vierteln, entkernen und in grobe Würfel schneiden. Pflaumen waschen, halbieren und entsteinen. Äpfel, Pflaumen, Honig und etwas Wasser in einen Topf geben und 5 bis 10 Minuten weich garen. Durch ein grobes Sieb streichen. Die Sauce zurück in den Topf geben. Calvados und Essig unterrühren und mit Salz würzen. Kurz vor dem Servieren nochmals aufkochen.

05. Die Entenbrustfilets aus dem Ofen nehmen, schräg in Scheiben schneiden. Mit Salz und Pfeffer würzen und mit etwas Olivenöl beträufeln. Mit dem Selleriepüree auf Tellern anrichten und die Pflaumensauce darum herumziehen.

ZUTATEN
FÜR 4 PERSONEN

+ **4 Entenbrustfilets (à ca. 200 g)**
+ **2 EL Öl**
+ **1 Knollensellerie (ca. 700 g)**
+ **1 Zwiebel**
+ **300 ml Apfelsaft**
+ **50 g grob gehackte Walnüsse**
+ **2 EL Schmand**
+ **Salz • Pfeffer aus der Mühle**
+ **frisch geriebene Muskatnuss**
+ **2 Äpfel**
+ **250 g Pflaumen**
+ **1 EL Honig**
+ **3—4 EL Calvados**
+ **2—3 TL Rotweinessig**
+ **1 EL Olivenöl zum Beträufeln**

NÄHRWERTE PRO PORTION
Eiweiß: 41 g • Fett: 40 g
Kohlenhydrate: 37 g
Brennwert: ca. 727 kcal

WÜRZIGE SPIESSE
MIT CHILI-HONIG-DIP

ZUBEREITUNG

01. Für die Spieße die Schweineschnitzel in 10 x 3 cm große Streifen schneiden. Die Schalotten und den Knoblauch schälen und in feine Würfel schneiden. Den Ingwer schälen und fein reiben.

02. Die Korianderkörner im Mörser zerstoßen. Die Schalotten, den Knoblauch, den Ingwer, den Kreuzkümmel, den Zucker, 1 TL Salz und 3 EL Öl hinzufügen und alles zu einer Paste zerreiben. Die Fleischstreifen mit dieser Paste mischen und etwa 1 Stunde ziehen lassen.

03. In der Zwischenzeit 16 Holzspieße in kaltem Wasser etwa 30 Minuten einweichen. Für den Dip alle Zutaten verrühren und nach Belieben mit Salz und Pfeffer würzen. Sollte der Dip zu scharf sein, noch etwas Zitronensaft und Zucker dazugeben.

04. Die marinierten Fleischstreifen auf die Holzspieße stecken. Das restliche Öl in einer großen Pfanne erhitzen und die Fleischspieße darin portionsweise auf beiden Seiten goldbraun braten. Mit dem Chili-Honig-Dip servieren.

TIPP — *Fischsauce ist eine Würzsauce auf der Basis von fermentiertem Fisch mit einem intensiven Geruch. In Asien wird sie fast überall verwendet, und die meisten Länder haben ihre eigene „Version".*

ZUTATEN
FÜR 4 PERSONEN

FÜR DIE SPIESSE:
+ **400 g Schweineschnitzel**
+ **4 Schalotten**
+ **2 Knoblauchzehen**
+ **ca. 10 g Ingwer**
+ **1 EL Korianderkörner**
+ **½ TL gemahlener Kreuzkümmel**
+ **2 EL Zucker • Salz**
+ **ca. 70 ml Öl**

FÜR DEN DIP:
+ **2 EL Zitronensaft**
+ **1 EL Nampla (thailänd. Fischsauce)**
+ **1 EL helle Sojasauce**
+ **1 TL zerstoßene getrocknete Chilischote**
+ **1 EL flüssiger Honig**

NÄHRWERTE PRO PORTION
Eiweiß: 23 g • Fett: 19 g
Kohlenhydrate: 9 g
Brennwert: 306 kcal

ZUCCHINI-SPAGHETTI
MIT FLEISCHBÄLLCHEN

ZUBEREITUNG

01. Die Tomaten kreuzweise einritzen, überbrühen, kalt abschrecken, häuten, vierteln und entkernen. Die Tomatenwürfel in Viertel schneiden. Die Zwiebel und den Knoblauch schälen, in feine Würfel schneiden und in einem heißen Topf in 1 EL Olivenöl glasig andünsten. Die Tomaten und das Paprikapulver hinzufügen, mit Salz und Pfeffer würzen und unter gelegentlichem Rühren etwa 15 Minuten sämig köcheln lassen.

02. Das Hackfleisch in einer Schüssel mit dem Ei, Salz und Pfeffer verkneten und daraus etwa 20 kleine Fleischbällchen formen. In einer heißen Pfanne in 2 EL Olivenöl rundum goldbraun braten. In die Sauce legen und darin etwa 10 Minuten gar ziehen lassen.

03. Die Zucchini waschen, putzen und mit dem Spiralschneider in dünne Spaghetti schneiden. In einer heißen Pfanne im restlichen Olivenöl etwa 2 Minuten anbraten, mit Salz, Pfeffer und Zitronensaft abschmecken.

04. Die Chilischote waschen und schräg in dünne Ringe schneiden. Die Petersilie abbrausen, trocken schütteln, die Blätter abzupfen, grob hacken und mit der Chili mischen.

05. Die Zucchini-Spaghetti auf Tellern anrichten. Die Fleischbällchen mit der Sauce darübergeben und mit der Chili-Petersilie garniert servieren.

ZUTATEN
FÜR 4 PERSONEN

FÜR DIE SAUCE:
+ 1 kg Tomaten
+ 1 Zwiebel
+ 1 Knoblauchzehe
+ 4 EL Olivenöl
+ 1 EL Paprikapulver (edelsüß)
+ Salz • Pfeffer aus der Mühle
+ 800 g Rinderhackfleisch
+ 1 Ei
+ 1 rote Chilischote
+ 1 Handvoll Petersilie

FÜR DIE ZUCCHINI-SPAGHETTI:
+ 2–3 Zucchini
+ 1–2 EL Zitronensaft
+ Salz • Pfeffer aus der Mühle

NÄHRWERTE PRO PORTION
Eiweiß: 49 g • Fett: 45 g
Kohlenhydrate: 11 g
Brennwert: 644 kcal

SALBEISTEAK
MIT TOMATEN-BOHNEN-GEMÜSE

ZUTATEN FÜR 4 PERSONEN

+ **4 Schweinerückensteaks (à 125 g; 2 cm dick)**
+ **Salz • Pfeffer • 1 TL Olivenöl**
+ **12 Salbeiblätter • 1 TL scharfer Senf**
+ **160 g weiße Bohnen (aus der Dose)**
+ **500 g bunte Cocktailtomaten**
+ **1 Knoblauchzehe • Chiliflakes**
+ **1 TL abgeriebene Schale von 1 Bio-Zitrone**
+ **50 g Rucola**

NÄHRWERTE PRO PORTION
Eiweiß: 30 g • Fett: 10 g
Kohlenhydrate: 8 g • Brennwert: ca. 280 kcal

ZUBEREITUNG

01.   Den Backofen auf 100 °C vorheizen. Ein Ofengitter auf die mittlere Schiene und darunter ein Abtropfblech schieben. Rückensteaks mit Salz und Pfeffer würzen. Olivenöl in einer ofenfesten Pfanne erhitzen und das Fleisch darin auf beiden Seiten mit 8 Salbeiblättern gut anbraten.

02.   Das Fleisch herausnehmen und mit Küchenpapier abtupfen. Mit etwas Senf bestreichen, mit jeweils 2 Salbeiblättern belegen und auf dem Gitter im Ofen 30 bis 35 Minuten gar ziehen lassen.

03.   Bohnen in ein Sieb abgießen und abbrausen. Tomaten waschen und halbieren. Knoblauch schälen und fein würfeln. Restliche Salbeiblätter fein hacken und mit Tomaten, Bohnen und Knoblauch in die noch heiße Pfanne geben. Das Gemüse mit Salz, Pfeffer, Chiliflakes und Zitronenschale würzen. Pfanne mit in den Ofen unter das Fleisch stellen.

04.   Rucola verlesen, waschen und trocken schleudern, grobe Stiele entfernen. Rucola vor dem Servieren unter das Gemüse heben. Die Salbeisteaks mit dem Tomaten-Bohnen-Gemüse anrichten.

RINDERFILET
MIT GRÜNEN BOHNEN

ZUTATEN FÜR 4 PERSONEN

+ 1 Rinderfilet (à 125 g, ca. 1½ cm dick)
+ Salz • Pfeffer • 1 TL Öl
+ 100 g grüne Bohnen
+ 50 g Radieschen
+ 40 g Brunnenkresse
+ 1 TL Djionsenf
+ 1 EL Naturjoghurt (0,1 % Fett)
+ 2 EL Gemüsebrühe
+ 1 TL Weißweinessig
+ ½ TL gehackter Estragon

NÄHRWERTE PRO PORTION
Eiweiß: 32 g • Fett: 13 g
Kohlenhydrate: 8 g • Brennwert: ca. 290 kcal

ZUBEREITUNG

01. Den Backofen auf 100 °C vorheizen. Ein Ofengitter auf die mittlere Schiene und darunter ein Abtropfblech schieben. Die Rinderfilets mit Salz und Pfeffer würzen.

02. Öl in einer beschichteten Pfanne erhitzen und das Fleisch darin auf beiden Seiten 1 Minute scharf anbraten. Herausnehmen, mit Küchenpapier abtupfen und auf dem Gitter im Ofen 15 bis 20 Minuten gar ziehen lassen.

03. Die Bohnen putzen, waschen und in kochendem Salzwasser 3 bis 4 Minuten bissfest garen. Abgießen und kalt abschrecken. Die Bohnen der Länge nach halbieren.

04. Die Radieschen putzen, waschen und in dünne Scheiben schneiden oder vierteln. Die Brunnenkresse waschen, trocken schleudern und die Blätter grob zerzupfen.

05. Für die Marinade Senf, Joghurt, Brühe, Essig und Estragon verrühren. Mit Salz und Pfeffer würzen. Das Rinderfilet sehr dünn aufschneiden.

06. Bohnen und Radieschen mit der Marinade mischen und mit dem Rinderfilet und der Brunnenkresse anrichten.

LAMMSCHULTER
MIT ROSMARIN UND TOMATEN

ZUBEREITUNG

01.   Den Backofen auf 160 °C vorheizen. Die Lammschulter waschen, trocken tupfen und mit einem Messer rautenförmig einschneiden. 4 Knoblauchzehen schälen und in den Mörser geben. Den Rosmarin waschen und trocken schütteln. Von 4 Zweigen die Nadeln abstreifen und mit 1 TL grobem Meersalz zum Knoblauch geben. Alles zu einer Paste mörsern, dann 4 EL Olivenöl untermischen. Die Lammschulter mit der Marinade gut einreiben und rundum mit Pfeffer würzen.

02.   In einer großen Pfanne 3 EL Olivenöl erhitzen, die Schulter darin rundum bei mittlerer Hitze 5 bis 6 Minuten goldbraun anbraten und in einen Schmortopf oder Bräter geben. Den Bratensatz mit dem Wein ablöschen. Mit den Dosentomaten zum Fleisch geben und zugedeckt im Ofen auf der mittleren Schiene 2½ Stunden schmoren lassen.

03.   Inzwischen die Zwiebeln schälen und in Spalten schneiden. Möhren und Sellerie putzen und schälen bzw. waschen und in 1½ cm große Stücke schneiden. Das restliche Olivenöl in einer Pfanne erhitzen, Zwiebeln, Möhren und Sellerie darin 3 bis 4 Minuten anbraten. Zur Lammschulter geben und alles offen 1 weitere Stunde schmoren.

04.   Die Frühlingszwiebeln putzen, waschen und in 6 cm lange Stücke schneiden. Die Cocktailtomaten waschen und halbieren. Den restlichen Knoblauch schälen, in feine Würfel schneiden und mit den Frühlingszwiebeln und den Tomaten 10 Minuten vor Ende der Garzeit zum Fleisch geben.

05.   Die Lammschulter aus dem Topf oder dem Bräter nehmen, auf ein Küchenbrett legen, das Fleisch vom Knochen lösen und in Scheiben schneiden. Das Gemüse mit Salz, Pfeffer und Zitronenschale würzen. Das Lammfleisch mit dem Gemüse und der Sauce anrichten. Mit Petersilie bestreut servieren und mit den Rosmarinzweigen garnieren.

ZUTATEN
FÜR 6 PERSONEN

+ **2,2 kg Lammschulter (mit Knochen)**
+ **6 Knoblauchzehen**
+ **6 Zweige Rosmarin**
+ **grobes Meersalz**
+ **8 EL Olivenöl**
+ **Pfeffer aus der Mühle**
+ **200 ml trockener Weißwein**
+ **800 g Tomaten (aus der Dose)**
+ **2 rote Zwiebeln**
+ **3 Möhren**
+ **3 Stangen Staudensellerie**
+ **1 Bund Frühlingszwiebeln**
+ **200 g rote und gelbe Cocktailtomaten**
+ **Salz**
+ **1 TL abgeriebene Schale von 1 Bio-Zitrone**
+ **2 EL gehackte Petersilie**

NÄHRWERTE PRO PORTION
Eiweiß: 61 g • Fett: 34 g
Kohlenhydrate: 10 g
Brennwert: 616 kcal

04

SÜSSES & GEBÄCK

TOFU-CREME
QUINOA-CREME

ZUBEREITUNG TOFU-CREME

01. Die Himbeeren und die Heidelbeeren verlesen, waschen und trocken tupfen. Seidentofu, Kokosmehl, Agavendicksaft, Vanillemark und die Hälfte der Beeren in einen hohen Rührbecher geben und mit dem Stabmixer fein pürieren. In ein Schälchen füllen.

02. Die Mandelblättchen nach Belieben in einer kleinen beschichteten Pfanne ohne Fett goldbraun rösten, herausnehmen und abkühlen lassen.

03. Die Tofu-Creme mit den übrigen Beeren und den Mandelblättchen bestreuen und mit den Minzeblätter garnieren.

ZUTATEN FÜR 4 PERSONEN

+ **je 100 g Himbeeren und Heidelbeeren**
+ **800 g Seidentofu**
+ **4 TL Kokosmehl**
+ **4 Spritzer Agavendicksaft**
+ **Mark von 2 Vanilleschoten**
+ **4 TL Mandelblättchen**
+ **8–12 Minzeblätter**

NÄHRWERTE PRO PORTION
Eiweiß: 12 g • Fett: 7 g
Kohlenhydrate: 7 g
Brennwert: ca. 160 kcal

ZUBEREITUNG QUINOA-CREME

01. Seidentofu, Öl, Vanillemark, Limettensaft und -schale in einer Schüssel verrühren. Die Erdbeeren waschen, putzen und vierteln.

02. Die Beeren mit der Creme, dem Basilikum und der gepufften Quinoa anrichten.

ZUTATEN FÜR 4 PERSONEN

+ **1 kg Seidentofu**
+ **8 g Sonnenblumenöl**
+ **4 Msp. Vanillemark**
+ **4 Spritzer Limettensaft**
+ **4 Msp. abgeriebene Bio-Limettenschale**
+ **80 g Erdbeeren**
+ **8–12 Basilikumblätter**
+ **12 g gepuffte Quinoa**

NÄHRWERTE PRO PORTION
Eiweiß: 13 g • Fett: 8 g
Kohlenhydrate: 7 g
Brennwert: ca. 150 kcal

QUARKSCHAUM
MIT GEMISCHTEN BEEREN

ZUBEREITUNG

01. Für den Quarkschaum den Schichtkäse mit der Zitronen- und Orangenschale, dem Zitronen- und Orangensaft sowie dem Vanillemark glatt rühren.

02. Die Sahne halbsteif schlagen. Das Eiweiß mit dem Zucker und 1 kleinen Prise Salz cremig schlagen. Die Sahne und das Eiweiß unter die Schichtkäsemasse heben.

03. Ein Sieb mit einem sauberen Küchentuch auslegen und in eine Schüssel hängen. Die Schichtkäsemasse hineinfüllen, mit Frischhaltefolie bedecken und 3 Stunden im Kühlschrank abtropfen lassen, sodass sich die Konsistenz stabilisiert. Anschließend sofort weiterverwenden oder in eine Schüssel umfüllen, damit der Quarkschaum die optimale Konsistenz behält.

04. Für die Beeren die Erdbeeren waschen, putzen und vierteln. Die Himbeeren, Brombeeren, Heidelbeeren und Johannisbeeren verlesen und waschen. Die Beeren mit Puderzucker bestäuben, mit Zitronensaft beträufeln und alles vorsichtig vermischen.

05. Zum Anrichten die Beeren auf Dessertteller verteilen. Von dem Quarkschaum mit einem Esslöffel Nocken abstechen und auf die Beeren setzen, den Löffel dabei immer wieder in heißes Wasser tauchen.

ZUTATEN FÜR 4 PERSONEN

FÜR DEN QUARKSCHAUM:
+ 130 g Schichtkäse
+ je 2 Msp. abgeriebene Bio-Zitronen- und Bio-Orangenschale
+ 2 TL Zitronensaft
+ 2 EL Orangensaft
+ 2 Msp. Vanillemark
+ 160 g Sahne
+ 4 Eiweiß
+ 2 EL Zucker
+ Salz

FÜR DIE BEEREN:
+ 300 g gemischte Beeren (Erdbeeren, Himbeeren, Brombeeren, Heidelbeeren, Johannisbeeren)
+ 2 EL Puderzucker
+ einige Tropfen Zitronensaft

NÄHRWERTE PRO PORTION
Eiweiß: 10 g • Fett: 17 g
Kohlenhydrate: 15 g
Brennwert: 250 kcal

MANDEL-HONIG-EIS
MIT BANANEN

ZUTATEN FÜR 8 PORTIONEN (À 2 KUGELN)

+ 1 reife Banane
+ 200 g Sahne
+ 300 ml Mandeldrink
+ 75 g Mandelmus
+ Mark von 1 Vanilleschote
+ 2 EL flüssiger Honig
+ Meersalz

NÄHRWERTE PRO PORTION
Eiweiß: 3 g • Fett: 14 g
Kohlenhydrate: 8 g • Brennwert: 167 kcal

ZUBEREITUNG

01. Banane schälen, in Stücke brechen, mit Sahne, Mandeldrink, Mandelmus, Vanillemark, Honig und 2 großzügigen Prisen Meersalz im Küchenmixer oder mit dem Stabmixer zu einer homogenen Masse pürieren.

02. Die Masse in die Eismaschine füllen und das Eis nach Anleitung bis zur gewünschten Konsistenz gefrieren lassen. Alternativ die Masse in einer tiefkühlgeeigneten flachen Form glatt streichen und mit Frischhaltefolie abgedeckt im Tiefkühlfach etwa 4 Stunden gefrieren lassen. Dabei die Masse alle 30 Minuten mit der Gabel durchrühren, damit die sich bildenden Eiskristalle nicht zu groß werden und die Masse gleichmäßig gefriert.

03. Wenn die Eismasse beginnt fest zu werden, das Ganze nach Belieben noch einmal mit Honig oder Sirup abschmecken.

FROZEN YOGHURT

MIT HIMBEEREN

ZUTATEN FÜR 8 PERSONEN

+ **120 g Himbeeren**
+ **500 g griechischer Joghurt**
+ **4 EL flüssiger Honig**
+ **Mark von ½ Vanilleschote**

NÄHRWERTE PRO PORTION
Eiweiß: 2 g • Fett: 6 g
Kohlenhydrate: 7 g • Brennwert: 94 kcal

ZUBEREITUNG

Die Himbeeren verlesen, waschen und vorsichtig trocken tupfen. Mit Joghurt, Honig und Vanillemark im Küchenmixer oder mit dem Stabmixer fein pürieren. Nach Belieben durch ein Sieb streichen, um die Himbeerkerne zu entfernen.

01. Die Masse in eine Eismaschine geben und etwa 25 Minuten gefrieren lassen. Alternativ die Masse in eine Gefrierdose füllen und abkühlen lassen. Die Dose verschließen und etwa 1½ Stunden in das Tiefkühlfach stellen. Die angefrorene Masse kräftig durchrühren. Dann etwa 5 Stunden gefrieren lassen, dabei im Abstand von 30 bis 60 Minuten gut durchrühren, damit sie schön cremig wird.

02. Den Frozen Yoghurt zum Servieren bei Zimmertemperatur kurz antauen lassen, dann portionieren, nach Belieben mit Himbeeren anrichten.

SCHOKOLADENMOUSSE
MIT QUARK

ZUBEREITUNG

01. Die Kuvertüre hacken und mit dem Nougat über dem heißen Wasserbad schmelzen. Anschließend abkühlen lassen. Die Sahne und das Eiweiß steif schlagen.

02. Den Quark mit der Milch cremig rühren, die Schokolade unterrühren, die Schlagsahne und den Eischnee nur leicht, nicht vollständig unterziehen.

03. Die Schokoladenmousse in Schälchen füllen und servieren.

─────

TIPP — *Diese Schokoladenmousse können Sie nach Belieben noch etwas aromatisieren. Dafür eignen sich zum Beispiel gemahlene Vanille oder Tonkabohne.*

ZUTATEN FÜR 4 PERSONEN

+ **100 g Zartbitterkuvertüre**
+ **2 EL Nougat**
+ **100 g Sahne**
+ **1 Eiweiß (sehr frisch)**
+ **400 g Speisequark**
+ **75 ml fettarme Milch (1,5 % Fett)**

NÄHRWERTE PRO PORTION
Eiweiß: 14 g • Fett: 29 g
Kohlenhydrate: 21 g
Brennwert: 397 kcal

KOKOS-PANNACOTTA
MIT MANGOSAUCE

ZUBEREITUNG

01. Für die Pannacotta das Agar-Agar in einem Schälchen mit 2 bis 3 EL kaltem Wasser verrühren, bis es sich aufgelöst hat. Kokosmilch mit Vanillemark und Kokosblütenzucker in einem Topf bei mittlerer Hitze etwa 6 Minuten köcheln, aber nicht kochen lassen. Angerührtes Agar-Agar mit einem Schneebesen nach und nach unterrühren, alles unter Rühren 2 bis 3 Minuten weiterköcheln lassen.

02. Die Formen kalt ausspülen und die Pannacotta-Masse hineinfüllen. Abkühlen lassen, dann mindestens 5 Stunden zugedeckt in den Kühlschrank stellen.

03. Für die Sauce die Mango schälen. Das Fruchtfleisch auf den flachen Seiten vom Stein schneiden und in Würfel schneiden. Die Mangowürfel in einem hohen Rührbecher mit dem Stabmixer fein pürieren. Die Passionsfrüchte halbieren, das Fruchtfleisch mit einem Löffel aus der Schale lösen und unter das Mangopüree rühren. Die Sauce mit Limettensaft abschmecken und bis zur Verwendung zugedeckt in den Kühlschrank stellen.

04. Die Kokos-Pannacotta auf Dessertteller stürzen und mit der Mangosauce anrichten. Mit gerösteten Kokoschips und Minzeblättern dekorieren.

ZUTATEN
FÜR 4 PORTIONSFORMEN
(À CA. 150 ML INHALT)

FÜR DIE PANNACOTTA:
+ 1 EL Agar-Agar (Hersteller-angabe beachten; siehe Tipp)
+ 400 ml Kokosmilch
+ Mark von ½ Vanilleschote
+ 2 EL Kokosblütenzucker

FÜR DIE SAUCE:
+ 1 kleine reife Mango
+ 2 Passionsfrüchte
+ 1 Spritzer Limettensaft

FÜR DIE DEKO:
+ 2–3 TL geröstete Kokoschips
+ einige Minzeblätter

NÄHRWERTE PRO PORTION
Eiweiß: 4 g • Fett: 24 g
Kohlenhydrate: 16 g
Brennwert: 300 kcal

TIPP — *Beachten Sie bei der Verwendung von Agar-Agar bitte immer die Angaben des Herstellers auf der Packung, da die Gelierkraft von Produkt zu Produkt unterschiedlich sein kann. Reduzieren oder erhöhen Sie dann gegebenenfalls die Agar-Agar-Menge entsprechend. Wenn das Dessert nicht vegan sein soll, können Sie statt Agar-Agar auch 4 Blatt Gelatine verwenden. Diese nach Packungsanweisung in kaltem Wasser einweichen, ausdrücken und in der warmen Kokosmilch unter Rühren auflösen.*

HIMBEER-VANILLE-AUFLAUF
MIT QUARK

ZUBEREITUNG

01. Den Backofen auf 200 °C vorheizen. Eine Auflaufform einfetten und mit Zucker ausstreuen. Die Himbeeren verlesen, waschen und vorsichtig trocken tupfen.

02. Die Eier trennen und die Eigelbe mit Streusüße und dem Vanillemark schaumig schlagen. Den gut abgetropften Quark mit der Orangenschale unter die Eigelbmasse rühren. Die Eiweiße mit 1 Prise Salz steif schlagen.

03. Ein Drittel des Eischnees auf die Eigelbmasse geben und die Mandeln unterheben. Den restlichen Eischnee vorsichtig unterheben. Die Himbeeren mit der Stärke vorsichtig vermischen, in die Form füllen und mit der Eier-Mandel-Masse bedecken.

04. Den Himbeer-Vanille-Auflauf im Ofen auf der mittleren Schiene etwa 30 Minuten goldbraun backen und sofort servieren.

ZUTATEN
FÜR 4 PERSONEN

+ **weiche Butter und Zucker für die Form**
+ **300 g Himbeeren**
+ **3 Eier**
+ **10 g Streusüße (Candarel)**
+ **Mark von 1 Vanilleschote**
+ **200 g Magerquark**
+ **½ TL abgeriebene Bio-Orangenschale**
+ **Salz**
+ **30 g blanchierte, gemahlene Mandeln**
+ **10 g Speisestärke**

NÄHRWERTE PRO PORTION
Eiweiß: 13 g • Fett: 10 g
Kohlenhydrate: 7,0 g
Brennwert: 171 kcal

MOKKATRÜFFEL
MIT KAFFEELIKÖR

ZUTATEN FÜR CA. 35 STÜCK

+ 15 g Kaffeebohnen
+ 150 g Sahne
+ 150 g Zartbitterkuvertüre
+ 5 cl Kahlúa (Kaffeelikör)

FÜR DEN ÜBERZUG:

+ 500 g Zartbitterschokolade

NÄHRWERTE PRO PORTION
Eiweiß: 1 g • Fett: 5 g
Kohlenhydrate: 4 g • Brennwert: 62 kcal

ZUBEREITUNG

01. Die Kaffeebohnen in einer beschichteten Pfanne ohne Fett anrösten, bis sie zu duften beginnen. Die Kaffeebohnen in die Sahne geben und zugedeckt am besten über Nacht im Kühlschrank ziehen lassen.

02. Die Kaffeesahne durch ein Sieb abgießen, auffangen und aufkochen. Kuvertüre fein hacken, unter Rühren darin schmelzen. Likör dazugeben. Die Masse zugedeckt kühl stellen.

03. Mokkamasse mit dem Schneebesen kurz durchrühren, in einen Spritzbeutel mit Lochtülle füllen und als kleine Kugeln auf Backpapier spritzen. Etwas fest werden lassen und

falls nötig mit gut gekühlten Händen rund formen. Etwa 1 Stunde kühl stellen.

04. Für den Überzug die Schokolade grob hacken und in einer Schüssel im heißen Wasserbad unter Rühren schmelzen. Die Trüffel mithilfe einer Pralinengabel in die Schokolade tauchen und den Überzug auf einem Kuchengitter etwas fest werden lassen.

05. Die Pralinen auf dem Gitter hin und her rollen, sodass Spitzen entstehen. Den Überzug vollständig fest werden lassen. Die Trüffel kühl und luftdicht verschlossen aufbewahren.

KOKOS-CROSSIES
MIT PISTAZIEN

ZUTATEN FÜR CA. 24 STÜCK

+ je 200 g Zartbitter- und Vollmilchkuvertüre
+ 400 g Kokoschips
+ 3 EL Pistazienkerne

NÄHRWERTE PRO PORTION
Eiweiß: 3 g • Fett: 17 g
Kohlenhydrate: 10 g • Brennwert: 205 kcal

ZUBEREITUNG

01. Beide Kuvertüren grob hacken und getrennt in zwei Schüsseln im heißen Wasserbad unter Rühren schmelzen.

02. Eine Hälfte der Kokosspäne unter die geschmolzene Zartbitterkuvertüre rühren, die andere unter die Vollmilchkuvertüre.

03. Mit zwei Esslöffeln Portionen abstechen, als kleine Häufchen auf ein Stück Backpapier setzen und etwas fest werden lassen.

04. Die Pistazienkerne im Blitzhacker fein zerkleinern und die Kokos-Crossies damit bestreuen. Kühl stellen und vollständig fest werden lassen. Kühl und luftdicht verschlossen aufbewahren.

KOKOS-WAFFELN
MIT HEIDELBEEREN

ZUBEREITUNG

01. Die Eier mit dem Öl, der Kokosmilch, dem Ahornsirup, den Mandeln, den Kokosraspeln, dem Natron, dem Backpulver und der Zitronenschale im Mixer fein pürieren. Die Heidelbeeren waschen, verlesen und mit den Schokoraspeln unter den Teig mischen.

02. Das Waffeleisen vorheizen. Die Backflächen mit einem Pinsel dünn mit Kokosöl einfetten. Jeweils etwa 3 EL Teig in die Mitte der Backfläche geben, nach Belieben mit dem Löffel verteilen und das Eisen zuklappen. Den Teig in dem Waffeleisen zu goldbraunen Waffeln backen. Mit einer Palette oder einem Holzlöffel vorsichtig lösen. Die Kokos-Waffeln mit frischen Heidelbeeren garnieren und sofort servieren.

ZUTATEN
FÜR CA. 15 STÜCK

+ **3 Eier**
+ **2 EL Kokosöl**
+ **80 ml Kokosmilch**
+ **2 EL Ahornsirup**
+ **80 g gemahlene Mandeln**
+ **40 g Kokosraspel**
+ **½ TL Natron**
+ **1 TL Backpulver**
+ **abgeriebene Schale von 1 Bio-Zitrone**
+ **100 g Heidelbeeren**
+ **40 g Schokoraspel**
+ **Kokosöl zum Ausbacken**
+ **frische Heidelbeeren zum Garnieren**

NÄHRWERTE PRO PORTION
Eiweiß: 3 g • Fett: 10 g
Kohlenhydrate: 4 g
Brennwert: 121 kcal

CLAFOUTIS
MIT PFLAUMEN

ZUBEREITUNG

01. Den Backofen auf 220 °C vorheizen. Die Form (ersatzweise vier flache Portionsformen) mit Butter einfetten. Die Pflaumen waschen, trocken tupfen, längs halbieren und entsteinen. Die Eier trennen.

02. Die Eiweiße mit 1 Prise Salz zu steifem Schnee schlagen, dabei zuletzt den Kokosblütenzucker nach und nach einrieseln lassen und unterschlagen. Die Eigelbe mit dem Mandelmehl, der Stärke und der sauren Sahne in einer Schüssel glatt verrühren. Den Eischnee vorsichtig unterheben.

03. Die Masse in die Form (oder die Portionsförmchen) füllen und glatt streichen. Die Pflaumen mit den Schnittflächen nach unten darauf verteilen. Im Ofen auf der mittleren Schiene etwa 35 Minuten backen. Sollte das Clafoutis gegen Ende der Backzeit zu stark bräunen, eventuell mit Alufolie abdecken.

TIPP — *Je nach Saison und Geschmack können Sie statt Pflaumen auch andere Steinfrüchte wie Kirschen oder Aprikosen verwenden.*

ZUTATEN
FÜR 1 AUFLAUFFORM
(20 × 28 CM;
FÜR 4 PERSONEN)

+ Butter für die Form
+ 400 g Pflaumen
+ 3 Eier
+ Salz
+ 2 EL Kokosblütenzucker
+ 4 EL Mandelmehl
+ 1 EL Pfeilwurzelstärke
+ 200 g saure Sahne

NÄHRWERTE PRO PORTION
Eiweiß: 10 g • Fett: 19 g
Kohlenhydrate: 20 g
Brennwert: 286 kcal

EIWEISSBROT
MIT MÖHREN

ZUBEREITUNG

01. Den Backofen auf 170 °C vorheizen. Die Backform mit Backpapier auslegen. Die Möhren putzen, schälen und fein raspeln.

02. Den Quark mit den Eiern in einer Schüssel mit den Quirlen des Handrührgeräts verrühren. Mandeln, Leinsamen, Sojamehl, Schmelzflocken, Backpulver, Sonnenblumenkerne und Möhrenraspel unter die Quarkmasse rühren.

03. Den Brotteig mit Brotgewürz und Salz würzen, in die Backform geben und glatt streichen. Das Brot im Ofen auf der mittleren Schiene 70 bis 90 Minuten backen, bis es eine schöne Kruste hat. Aus dem Ofen nehmen und kurz abkühlen lassen, dann aus der Form stürzen und auf dem Kuchengitter vollständig abkühlen lassen.

─────

TIPP — *Für den Vorrat können Sie das Brot gleich zweimal backen. Es lässt sich nämlich prima einfrieren — dazu am besten in Scheiben schneiden und portionsweise tiefkühlen.*

ZUTATEN
FÜR 1 BROTBACKFORM
(CA. 10 × 20 CM;
FÜR 16 SCHEIBEN)

+ **2 Möhren**
+ **250 g Magerquark**
+ **4 Eier**
+ **150 g gemahlene Mandeln**
+ **150 g Leinsamen**
+ **2 EL Sojamehl**
+ **4 EL Schmelzflocken**
+ **1½ Päckchen Backpulver**
+ **4 EL Sonnenblumenkerne**
+ **½ TL Brotgewürz**
+ **1 TL Salz**

NÄHRWERTE PRO SCHEIBE
Eiweiß: 10 g • Fett: 12 g
Kohlenhydrate: 6 g
Brennwert: 180 kcal

FROZEN CHEESECAKE
MIT HEIDELBEEREN

ZUBEREITUNG

01. Die Cashewkerne in einer Schüssel mit Wasser bedecken und mindestens 4 Stunden – am besten über Nacht – einweichen.

02. Eine Springform am Boden leicht einölen. Für den Nuss-Dattel-Boden 150 g Datteln grob würfeln, die Pekannüsse grob hacken. Beides mit den Kokosraspeln im Mixer zu einer klebrigen Masse verarbeiten. Die Masse gleichmäßig in der Form verteilen, mit einem Esslöffel andrücken. Die Form in das Tiefkühlfach stellen.

03. Für die Cheesecake-Schicht die Cashewkerne in ein Sieb abgießen und abtropfen lassen. Die Hälfte der Cashewkerne mit Kokosnusscreme, Reissirup, Vanillemark und Zitronensaft im Mixer cremig pürieren. Die Form aus dem Tiefkühlfach nehmen und die Creme auf dem Nuss-Dattel-Boden glatt verstreichen. Die Form nochmals 45 Minuten in das Tiefkühlfach stellen.

04. Inzwischen für die Beerenschicht die Heidelbeeren verlesen, waschen und gut trocken tupfen. Die restlichen Datteln grob würfeln und mit 150 g Heidelbeeren sowie den übrigen Cashewkernen im Mixer cremig pürieren.

05. Die Springform aus dem Tiefkühlfach nehmen. Die Heidelbeermasse gleichmäßig auf der Cheesecake-Schicht verteilen und mit den restlichen Heidelbeeren bestreuen. Den Kuchen mindestens 1 Stunde im Tiefkühlfach gefrieren lassen, bis die Masse fest ist.

———

TIPP — *Statt der Heidelbeeren können Sie auch Himbeeren oder Erdbeeren für den Kuchen verwenden. Die Beeren dann allerdings erst ohne Datteln und Cashewkerne pürieren und durch ein feines Sieb streichen, um die Kerne zu entfernen.*

ZUTATEN FÜR 1 SPRINGFORM (24 × 24 CM; FÜR 16 STÜCKE)

+ **300 g Cashewkerne**
+ **etwas Öl für die Form**
+ **200 g weiche Datteln (z. B. Medjool; ohne Stein)**
+ **125 g Pekannüsse**
+ **50 g Kokosraspel**
+ **120 g feste Kokosnusscreme (im Block)**
+ **2 EL Reissirup**
+ **Mark von 1 Vanilleschote**
+ **Saft von ½ Zitrone**
+ **200 g Heidelbeeren**

NÄHRWERTE PRO STÜCK
Eiweiß: 6 g • Fett: 20 g
Kohlenhydrate: 18 g
Brennwert: 273 kcal

REZEPTREGISTER

— LOW CARB —

IMPRESSUM

© **ZS VERLAG GmbH**
Kaiserstraße 14b
D-80801 München

ISBN 978-3-89883-613-5
2. Auflage 2017

Projektleitung: Katharina Wolf, Natalia Fischer
Lektorat: Natalia Fischer, Katinka Holupirek
Grafik Design & Artdirection: Seidldesign
Grafik & Satz: Irene Schulz, Kerstin Duben
Herstellung: Peter Karg-Cordes
Producing: Jan Russok
Druck & Bindung: Neografia, Martin

Die ZS Verlag GmbH ist ein Unternehmen der Edel AG, Hamburg.
www.zsverlag.de | www.facebook.de/zsverlag

BILDNACHWEIS

Umschlag: STOCKFOOD: Sporrer/Skowronek: vorne; A. Schütz: hinten
(l.); C. Timmann: hinten (M.); J.-P. Westermann: hinten (r.)
Innenklappen: Eising Studio|Food Photo & Video: hinten; STOCKFOOD:
C. Vedder (01); B. Sporrer (02); S. Eising (03); H. Bischof (04); M. Fin-
ley (05); People Pictures (06); Sporrer/Skowronek (07)
Außenklappe: Kramp-Gölling
Innenteil: Klaus Arras: 2 (u.), 109, 113, 121, 125; Eising Studio|Food
Photo & Video/Martina Görlach: 107; V. Pachala: 32, 108; A. Schütz:
39, 55, 61, 63, 64, 85, 93, G. Theis: 17, 19, 21, 23, 24, 35, 50, 51, 79, 83,
98, 99, 105; C. Timmann: 2 (o.), 7, 15, 20, 29, 49, 71, 80, 81, 89, 123;
J.-P. Westermann: 75, 101; STOCKFOOD: M. Bergmann: 43, 111, 115; M.
Boyny: 33; S. Brooks-Dammann: 9; Drool Ldt./Lingwood: 53; M. Fin-
ley: 44; Food Fotography Eising: 57, 58, 116; Foodcollection: 95; Great
Stock!: 37, 67; E. Gründemann: 2 (l.), 11; W. Heinze: 41; J. Kirchherr: 80;
M. Lindeblad: 76; L. Lister: 2 (r.), 87, 90; L. Parissi: 45; B. Sporrer: 117;
Sporrer/Skowronek: 31; A. Stockley: 97; J.-P. Westermann: 91; J. Wi-
schnewski: 11, 13, 65, 69, 119